答え合わせ

石田明

はじめに

〝つまらない人間〟だから見つけた「漫才論」

僕はずっと、自分のことを「つまらない人間」やと思ってきました。その思いは爆笑オンエアバトルでチャンピオンになったときも、２００８年にＭ－１を優勝したときも変わることなく、芸歴が20年を超えた今でも持ち続けています。

でも、だからこそ、「面白い漫才とはどういうものか」「どうすればもっとウケるのか」を追求してこれたんやと思っています。

そうやって漫才師として生きていくために続けてきたことがここ最近、思わぬ展開を見せ始めています。ナインティナインの岡村（隆史）さんに声をかけていただき、ニッポン放送のラジオ番組「ナインティナイン岡村隆史のオールナイトニッポン」

（2019年）、「ナインティナインのオールナイトニッポン」（2020年、2021年）で「M-1答え合わせ」と題し、M-1の総括や「漫才論」を語る機会をもらったんです。番組内ではこそばゆいですが「石田教授」なんて呼ばれて、僕なりの視点で、決勝進出者たちの漫才について話していました。

ありがたいことに、そこで話したことが話題になり、「漫才論」についての取材を受けたり、「本にまとめませんか」という話をもらったりするようになりました。

ただ今までは、漫才を語る取材は受けても、本として残すのはやめておこうと思ってきました。お笑い界も漫才も常に移り変わっているなか、「これが自分の考えや」と固定化させるのが嫌やったんです。

でも、僕のYouTubeチャンネルで、ナイツの塙（宣之）くんや令和ロマンの（高比良）くるまくん、マユリカの阪本くんといった漫才師たちと飲みながら話したり、NSC（吉本総合芸能学院）の講師として若手の漫才をたくさん見たりしているうちに、少し心境が変わってきました。

僕が今考えている「漫才論」をまとめておくことは、今後の自分にとっても、教え子であるNSC生たちにとっても、また、お笑いを楽しんで観てくれている人たちにとっても、意味のあることかもしれないと思うようになったんです。

まとめてしまったら漫才師としての歩みが止まるわけやない。これからも自分の中の常識を疑いながら、また新たに考えながら、歩んでいけばええやんか、と。

この本の「答え合わせ」というタイトルは、岡村さんのラジオからいただいたんですが、もう一つ、自分にとって大きな意味を込めています。僕はずっと、「答え合わせ」を繰り返してここまできたんです。

僕が初めて漫才に出会ったのは、姉に連れて行かれた心斎橋筋2丁目劇場でした。「漫才ってこんなにおもろいんや」「こんなにおもろい人たちがいるんや」と衝撃を受け、一気に「漫才」と「漫才師」の虜(とりこ)になったんです。

それから、できる限り劇場に通い詰めるようになります。もともとオタク気質だった僕は、ネタを見ながらメモを取って、それを家に帰ってから清書して、ちょっとしたネタ台本を作って楽しんでいました。

その台本を見ながら「この人たちはどうしておもろいんやろ」と自分なりに理由を考え、また劇場に観に行って本当にそうなのかなと答え合わせをする。自分のことながら「昔も今と何も変わってへんやんけ！」と突っ込みたくなります。

漫才師になってからは同期や先輩の漫才を見て、つまらない自分がどうすれば人を笑わせることができるのかを徹底的に考え抜きました。「なぜウケるのか」「なぜウケないのか」と考えては、劇場で試してみて、お客さんの反応を見る。考えては確認、考えては確認、という繰り返しでした。


そして僕にとって、一番の答え合わせの場はやっぱりM－1でした。

1年間、漫才に向き合い続けて見つけた自分なりの答えを数分間に凝縮して思いっきりぶつける。しかし、決勝に行けるのはたった10組。それ以外の何千組はあっけなく落とされます。NON STYLEも、何度も準決勝の壁に跳ね返されました。当時を思い返すと胸が苦しくなります。

M－1という大会がなかったら、きっと今ほど多様な漫才は生まれていなかったでしょう。そういう意味では、M－1は漫才を劇的に覚醒させた。しかしM－1は同時に、漫才師たちに重い重い呪いをかけるものでもありました。

この呪いは1年に1組、チャンピオンになった者しか解けない。しかも頂点に限りなく近づいた者ほど、呪いは強くなる。そして頂点に立てぬまま、結成15年のラストイヤーを終えてもなお解けない——という恐ろしい呪いです。

かつてはNON STYLEもその1組だったわけですが、ほんまにとんでもなく恐ろしい、でも、とんでもなく魅力的な大会やと思います。

最近のM-1はなぜ「コント師」が活躍しているのか？　どうして準決勝でウケても決勝でウケないコンビがいるのか？　関東勢もしくは吉本所属以外の優勝者が増えているのはなぜか？　……こういったM-1にまつわる疑問にも、本書の中で答えていきます。

この本は、僕の今現在の「答え合わせの書」です。漫才師やお笑い芸人のみならず、漫才が好きな人たち、お笑いに興味がある人たち、あとは劇場で大笑いしながらメモを取っていた当時の石田少年に届けたい。そんな思いを込めて書きました。

石田明

答え合わせ ◎ 目次

1章 「漫才か、漫才じゃないか」への回答【漫才論】

2章 「競技化」で漫才はどう変わったか？【M－1論】

３章 「お笑いの得点化」という無理難題に挑む【採点論】

4章 路上から王者へ、挫折からの下克上【コンビ論】

5章 漫才、芸人、お笑いの明日はどうなる?【未来論】

1章

「漫才か、漫才じゃないか」への回答

【漫才論】

「偶然の立ち話」が漫才の原点

「漫才か、漫才じゃないか」という言葉を最近よく見聞きします。

この言葉自体は昔からありましたが、2020年のM－1でマヂカルラブリーが披露したネタ「つり革」に対して「あれは漫才じゃない」という声が上がり、SNSを中心に論争が巻き起こりました。僕は当時「あのネタは漫才に決まってるやろ」とめちゃくちゃ戦いましたが……。

これ以降、漫才師が変わったネタを披露すると、「漫才か、漫才じゃないか」と論争が起こるようになっています。

まずはこの論争に答えを出すために、「漫才とは何か」という、僕なりの考えをまとめてみたいと思います。

漫才の基本は「偶然の立ち話」です。

ある2人がたまたま会ってしゃべり始める。片方が変なことを言って、もう片方が突っ込む。それがどんどん繰り返される。

もっというと、変なことを言うヤツ＝ボケという「加害者」と、そのボケに振り回されつつ「なんでやねん」と問いただす常識人＝ツッコミという「被害者」の2人がサンパチマイクの前で繰り広げる「おかしな立ち話」――ということです。

そして「偶然の立ち話」なので、ボケがどんな変なことを言うのかをツッコミ側が「知らない体（てい）」でなくてはいけません。

もちろん漫才は作り物です。台本を作って、何度もネタ合わせをして、調整を加えつつ練り上げたものを持って舞台に立つ。それは見るほうもわかっている。かつては「ネタ合わせ」があること自体、お客さんは意識していなかったかもしれませんが、今は完全にみんな理解しています。

それでも、「偶然の立ち話」という設定のもとで、どれだけ「打ち合わせがない」ように見せられるかどうか。どちらかが変なことを言って、どちらかが突っ込む、ボケの加害者が仕掛けてツッコミの被害者が打ち返す、というのがずっと繰り返されるのが漫才の基本です。

「漫才」を語るうえでは、まずはそこから始めるべきやと僕は思ってるんです。

一例を挙げれば、やすきよ（横山やすし・西川きよし）師匠の漫才ですね。きよし師匠がボケてやすし師匠が突っ込んだかと思ったら、今度はやすし師匠がボケてきよし師匠が突っ込む。仕掛ける加害者と、それを打ち返す被害者が反転しつつ、絶妙なスピード感とテンポで、ボケとツッコミが次々繰り出されます。

大師匠を挙げて生意気をいうようですけど、今見ても見事やなと思います。

お客さんにとっても、実は「偶然の立ち話」という設定に乗っかる、もっといえば騙されるというのは一番わかりやすいスタンスです。

お客さんがこのスタンスでいてくれていると、必然的に笑いも起こりやすくなるんです。なぜかというと、お客さんたちにとって、変なことを言うやつを常識的な立場から問いただすツッコミは、自分たちの「代弁者」だから。

お客さんが心の中で「なんでやねん！」と思ったタイミングで、ツッコミが「なんでやねん！」と叫ぶ。お客さんがツッコミと同じ立場になる、いうなれば会場中がボケの「被害者友の会」みたいになると、演じる側と見る側とに一体感が生まれます。

こういう反応を起こせば起こすほど笑いが起こるというのが、漫才の基本メカニズムです。

だからこそ漫才は、長きにわたり愛されてきたんやと思います。ツッコミが代弁してくれるから、お客さんは何も考えずそこに乗っかればいい。漫才が大衆芸能であり続けたのは「人を選ばず笑わせることができるもの」だからやと思います。

真空ジェシカを筆頭に増えてきた「共闘型」

ただ、これは伝統的な漫才の話で、近年では、そこから外れたスタイルも続々と誕生しています。

漫才が「偶然の立ち話」ならば、ボケが何を言うのかをツッコミは「知らない体(てい)」でいなくてはいけません。ふいに(予想外に)おかしなことを言われて、「はあ?」と戸惑ったり怒ったりしながら「なんでやねん!」「おかしいやろ!」などとシンプルな言葉で切り返すのがツッコミです。

それに対し、最近増えているのは、ボケとツッコミの「共闘型」です。

共闘型とは、ボケの変な言葉や動きをツッコミが説明する、というスタイル。わかりづらいボケでいったんお客さんに「何言ってるんだろう?」と思わせておいてから、ツッコミが「今、こういうことが起こりましたよ」と種明かしすることで笑いを起こすという形です。

ツッコミはボケに仕掛けられる「被害者」には違いないんやけど、ボケの何がおかしいのかを説明する立場に回ることで、ボケと一緒になってお客さんに向き合う、要は「共闘」するわけです。

ボケのおかしさを説明できるということは、ツッコミがボケをあらかじめ理解しているということ。お客さんと同じ側に立っていたら「どういうこと?」と思うはずで、説明なんかできません。その時点で「偶然の立ち話」感は薄れます。

しかも、ツッコミはお客さんではなくボケの代弁者になっているから、「ボケ対ツッコミ+お客さん」という伝統漫才の関係性も、「ボケ+ツッコミ対お客さん」へと変わっています。

すでにM－1決勝の常連になりつつある真空ジェシカは、ネタの中に共闘型のくだりをよく入れています。

川北：どうも、ミズコロヒーです

ガク：あー違います。ヒ（火）コロヒーに弱点をつけるコロヒーじゃないです

このような、彼らがネタのツカミでよくやる流れは共闘型の典型例です。ボケの川北（茂澄）くんがすぐには理解できない言葉遊び的なボケをし、ツッコミのガクくんがそれを否定しつつ説明することでボケの代弁者になっているわけです。

ツッコミが賢すぎると「共感」できなくなる

僕らが若手だったころは、まだ「ボケだけでもおもろい」というのが主流でした。わかりやすくボケて笑いをとり、ツッコミもシンプルにわかりやすく突っ込む。これを基本として、たまにわかりづらいボケをツッコミが説明して笑いをとる、と

いう変化球を差し挟む程度。それが今では、ボケ単体ではパッと意味が理解できないものも多くなってきています。

ボケをツッコミが説明するというのは、ツッコミの能力値が必要以上に高く見えてしまう手法です。何しろ、見る側が意味をはかりかねているボケを「こういうことです」と説明するわけだから、「偶然の立ち話」という漫才の基本から外れて不自然になって当たり前なんです。

その点、真空ジェシカは、川北くんのボケもガクくんのツッコミも、ちゃんと面白く見える。これは、ツッコミのガクくんが「リアクター」として非常に優れているからでしょう。

ガクくんは、川北くんのボケに巻き込まれている「被害者感」をちゃんと出して、お客さんと同じ目線に立ちつつも的確な言葉でボケを説明します。

本来、バチコンと面白いワードを入れられる人はリアクションを怠けがちです。ところがガクくんは、リアクションをしっかり見せながら、なおかつ言葉巧みに突っ込むという難しいところを見事に両立しています。だから川北くんのボケの意味がわからない瞬間があっても、お客さんはガクくんの説明ツッコミを聞いて安心して笑えるんです。

伝統は知ってほしい、だけど「進化」の邪魔はしたくない

じゃあ、こういう漫才を「伝統的じゃないから」といって否定すべきかといったら、まったく違います。

僕自身は、漫才の基本からあまり外れないものをやっていきたい。最近は賞レースの審査員をやらせてもらう機会がありますが、そのときもやっぱり伝統的な漫才の視点を持ちつつ審査しているつもりです。

でも、基本とは違うからといって否定していたら、漫才の進化を邪魔するだけです。それは日本の漫才界、ひいてはお笑い界全体にとって決していいことやない。

そもそも、世の中は何事も「基本」「伝統」「常識」、こういったものを壊して再構築しながらできているんやと思います。

漫才も同じ。個人的に伝統は大事にしたいけど、とらわれすぎたらあっというまに置いていかれる。否定せずに、新しいものも評価し、一緒に楽しみたい。そう思っているんです。

「漫才」と「漫才コント」「コント漫才」の違い

SNSなどでは、一般の人たちの間でも「漫才か、漫才じゃないか」論を戦わせているのを見かけますが、そもそも「漫才」と「コント」の違いがよくわかってない人も多いんやないかと思います。

現に、よく街中などで「NON STYLEのコント、いつも見てます!」と声をかけられます。見てもらえるのは、ほんまにありがたい。でもいわせてもらうと、僕らがやっているのは「漫才」です。「コント」ではありません。

漫才とコントの線引きはプロの間でもさまざまですが、僕はざっくり「漫才」「漫才コント」「コント漫才」に分けて考えています。

漫才は、ひとことでいえば「しゃべくり」です。NON STYLEやったら、「井上」と「石田」という2人の人間が話して笑わせる。「偶然の立ち話」という漫才の基本に忠実なスタイルです。

一方、漫才コントとコント漫才は、コントの手法を取り入れた漫才のこと。コント=劇なので、特定の場面設定のもとで2人が役柄を演じます。よく見る典型は、「俺、ずっと◯◯してみたかってん」「ほなやってみよか」式に漫才に入るやつですね。

じゃあ、漫才コントとコント漫才はどう分けられるかといったら、「設定の中の役柄と素の自分を行き来する」のは漫才コント、「設定の中の役を演じ切る」のはコント漫才、という区別です。簡単にいうと、より漫才に近いのが漫才コントで、コントに近いのがコント漫才という分け方です。

僕が「NON STYLEのコント」と言われると違和感を覚えるのは、コント漫才よりも漫才コントをやることが多いからです。

NON STYLEにも、場面設定をしたうえで漫才に入るネタはたくさんあります。ただ、コントの設定の中にいる時間よりも、漫才、つまり素の自分たちのしゃべくりをしている時間のほうが長いんです。

たとえば、2008年のM-1決勝で1本目に披露したネタ「人命救助」は、「川で少年が溺れているのを発見したらどうする?」という井上の振りで始まります。

そこから「少年を助けるために携帯で救急車を呼ぶ」という場面設定になります。

石田：頭痛いので救急車1台
井上：お前のために呼ばんでええねん。少年のこと聞いてくんねん。少年の意識はありますか?
石田：意識はないです。あともうやる気もないです
井上：お前の話はいらん! 息はしていますか?
石田：息はしていません! てか息が合っていません!
井上：俺らの話はどうでもええねん!

このように、僕は「携帯で救急車を呼ぶ」という設定の中でも、「もうやる気もな

いです」「息が合っていません！」と、「素の石田」としてボケて、それを「素の井上」が突っ込みます。

つまり、「設定上の井上・設定上の石田」になったり、「素の井上・素の石田」に戻ったりを繰り返しているわけです。

一方、コント漫才では「素の自分」に戻ることなく「設定上の役柄」を演じ切ります。それを見事に成立させている代表格は、サンドウィッチマンの「ピザ屋」のネタですね。このネタでは富澤（たけし）さんも伊達（みきお）さんも、素の自分をいっさい見せることなく、ピザ屋の店員とお客さんという役柄を最後まで演じています。

コント漫才では、すでにボケとツッコミが場面設定を共有している一種の共犯関係にあり、あくまでもツッコミは「コント内のキャラクター」として振る舞うことになります。

そこでは本来、「コント的なツッコミ」しかできません。設定を共有したうえでのツッコミなので、あまり激しくできない。ボケを仕掛けられて被害者になってしまったイライラを、漫才的にストレートに表現すると不自然になってしまうんです。

ツッコミ側が場面を共有していることで被害者感が薄れているので、「今、初めて言われた」「ふいに理不尽なことをされた」みたいな顔をして突っ込んでも嘘っぽくなってしまうんですよね。そんな反応にならんやろ、と。

「共闘」の割合が大きくなればなるほど、「織り込み済み」ということになり、ツッコミがボケの被害者としてイラつく理由がなくなってしまう。コント漫才では、基本的に、いかにも漫才的な強いツッコミがしづらいんです。

にもかかわらず、なぜサンドウィッチマンのネタが漫才として爆笑をとれるのか。意外に思われるかもしれませんが、そこで大きなファクターとなっているのは、伊達さんの風貌やと僕は見ています。

伊達さんがちょっとコワモテやからこそ、設定上の役柄として言う「ふざけんなよ！」みたいなシンプルなツッコミを、不自然でなく、漫才らしく強めに響かせることができる。だから見ているほうも、違和感なく素直に笑えるんちゃうかなと思います。

「和牛」が漫才とコントの垣根を取っ払った

2人が設定上の役柄を演じ切るコント漫才ながらも、ツッコミが漫才らしく成立しているという点では、残念ながら解散してしまいましたが、和牛もめちゃくちゃ上手かったと思います。

ツッコミの川西（賢志郎）くんはコントの役柄としてセリフを言うんやけど、おかしな言動を繰り返すボケの水田（信二）くんに対する内面のイライラが、どのネタでもうまく表現されています。役柄を演じ切りながら、「漫才師」としての川西くんも表に出ているのがすごいなと思って、いつも見ていました。

和牛は、かなりコント寄りの漫才をしています。ただ、漫才師としてのスキルが抜群に高いため、見ている人に「これは漫才だ」と思わせてしまう。だからなのか、和牛の漫才をコント的だと言っている人をあまり見かけたことがありません。

でも、実際にはコントの手法をかなり漫才に取り入れています。たとえば、彼らの代表的なネタ「旅館」。水田くんが旅館の宿泊客、川西くんが旅館の女将という役回りで話が進み、ネタの中盤で日付が変わります。コントだったら、いったん暗転（舞台を暗くして場面転換すること）するはずです。

それを2人は、いったんセンターマイクから離れてから、すぐに「おはようございます」と言いつつセンターマイクに戻るという形で表現しました。これはつまり、コントの暗転を漫才に取り入れているわけです。

普通なら違和感が出てしまいそうですが、和牛の2人はその動作が「漫才師」然としていて上手かったので、コントではなく漫才に見えるんです。

このネタに限らず、和牛は漫才師としての見せ方や振る舞い方が天才的に上手いコンビでした。和牛がM－1で結果を残したことで、コントと漫才の垣根が取っ払われたんやと思っています。

そして、今ではコント師が漫才をやるのが当たり前になってきています。コント師の漫才が認められる流れを作ったのは、意外かもしれませんが、和牛の存在も大きかったんやないかと思います。

コント師に唯一勝てるのは「ナマの人間のエネルギー」

共闘型の漫才やコント師による漫才が評価されるようになってきたからといって、「しゃべくり」がダメになったかというと、全然そんなことはありません。

漫才の一番の醍醐味は「ナマの人間の掛け合い」を見せるところやと思います。ボールを息で吹いて浮き上がらせるパイプの形のおもちゃがありますよね？　漫才の掛け合いは、いってみれば、あのボールをずっと落とさないで互いにパスし続けるようなものです。

一度落ちたら、そこから再び上げるのはめっちゃ難しい。だから、いかに一度も落とすことなくラリーを続けるか、徐々に盛り上げてピークに持っていくかが勝負です。

この「素の人間同士のしゃべくりで勝負できる」というのが漫才の強みです。

コントでは、こういう面白味は出しづらい。場面も役柄もきっちり決まっていて、自分ではない人間を演じているので、ナマの人間そのものの掛け合いが見えづらくなるからです。

だけどなかには、策に溺れて、漫才の強みを生かし切れていないコンビもいます。こういうコンビは、互いに言い込めたり言い込められたりの掛け合いを、辛抱強く重ねていくということができていないと思うんです。

早く笑いのピークに到達したい。特大のホームランを打ちたい。だから、「到達したいゴール」に到達するため、「打ちたいホームラン」を打つために、策を巡らせたくなる。気持ちは痛いほどわかります。

でも、「このゴールに到達するために、ここでちょっと布石を打っておこう」みたいなくだりをネタに入れてしまうと、とたんに予定調和になってつまらなくなってしまうんです。

正直、もったいなく感じます。漫才師がコント師に唯一勝てるのは人間同士のしゃべくり、いわばナマの人間のエネルギーやのに、それをしっかり出せていないわけですから。

見ている人に「このはちゃめちゃな立ち話は、いったいどこに行くんだろう？」と思わせる先の見えなさこそが、漫才の醍醐味です。

一度もボールを落とすことなくラリーを続け、最終的にはとんでもない熱量の到達点にバコーンと上げていく。それが漫才の理想形やと僕はつねづね思ってるんです。

僕らNON STYLEの原点は、路上で見知らぬ人たちの前でやる「ストリート漫才」です。道を歩いている人の足を止めさせ、僕らの掛け合いの「熱」で引きつける。布石としてのボケやツッコミをしている余裕なんて、少しもありませんでした。

そこで作り上げた2人のエネルギーを全力でぶつけるスタイルがあったからこそ、M－1でも優勝できたんやと思っています。

今までの賞レースを見ていても、いろいろなスタイルがあるなかで、最終的には「一番の熱量を帯びていた漫才師」が優勝しているように感じます。

コント師の発想力や設定の作り方はすごいけど、競り勝つには、やっぱり漫才やと僕は思う。でも、これからはわかりません。

ここ何年かのM－1でも、共闘型のコント漫才が毎回かなりいいセンまで行くようになってきているので、近い将来、コント師の漫才が頂点に立つ可能性は十分あるでしょう。ただ、僕としては、「漫才師のみんな、がんばれよ」と思ってしまいますね。

漫才の「嘘」とどう向き合うか？

もちろん、今の若手にも面白いしゃべくりで魅せるコンビはたくさんいます。

たとえば、さや香。もう見事のひとことしかありません。２０２２年Ｍ－１決勝の1本目を見たときなんか、「これ、俺がやりたかったやつー！」って思わず叫んでしまいました。

さや香がすごいのは、ツッコミの新山くんが優れたリアクターとして機能しつつ、まさしくナマの人間のエネルギーで加熱しながらボケの石井くんにバンバン突っ込んでいくところ。もともと新山くんはボケだったんですが、ツッコミになって才能が一気に開花した感があります。

ただ、さや香がすごいのはたしかですが、よくよく見ると、そこに小さな「嘘」があることは否めません。

そもそも、漫才の「嘘」とは何か。簡単に言い換えると、設定やボケに無理があるということです。

「そんなはずないやろ」という設定や状況のボケをツッコミ側が受け入れてしまうと、ツッコミがボケを信じすぎているように見える。それが嘘っぽい予定調和につながって、お客さんとの心理的距離が生まれてしまうんです。

たとえば、さや香の「大学」というネタでは、石井くんの「だから実は俺、今年の春から大学行ってんねん」という振りから始まりますが、対する新山くんが、この振り（設定）を飲み込みすぎているところが「嘘」なんですよね。

もちろん漫才は作り物やから、ぜんぶ嘘といえば嘘です。

問題は、それをいかに自然に聞こえさせるか。ボケの大ぶりな嘘に対して、ツッコミが信じすぎているような返し方をすると、ツッコミがボケに協力している感じが強すぎて、一定数のお客さんは引いてしまう可能性があるんです。

自然な笑いを起こすには、お客さんに「嘘の設定を背負わせる度合い」は少ないほうがいい。そこで分かれ目となるのが、ボケの嘘をツッコミがどれくらい受け入れるかという調整です。

ありえなさそうな嘘の設定には小さく疑問を挟みつつも、基本的にはその設定を共有したうえで話を進める。この意味では、さや香も、真空ジェシカなどと同じく実は隠れた共闘型といえるかもしれません。

これも1つの漫才の進化形なので、「嘘を入れるな」と否定するつもりはありません。ただ、お客さんが漫才の嘘についていけないこともあるというのはわかっておいたほうがいいと思います。

ありえなさそうな設定のネタは、ボケが提示する設定に協力しすぎないギリギリの線を狙いつつも、しっかりツッコミを入れていくことで、ようやく漫才として成立します。実は、かなり高度な技術が必要とされるんです。

さや香はそこが上手いと思います。新山くんのリアクターとしての能力が光っています。

2023年のM－1決勝、1本目の「ホームステイ」は「ブラジルから留学生がホームステイしに来ることになっているが、緊張するので直前に引っ越そうと思っている」という設定でした。さや香のネタの中でもかなりフィクション寄りな設定ですが、新山くんがどんどんツッコミを入れて加熱していくので、お客さんに嘘っぽさを感じさせません。

しかも、その熱がいつまでも舞台に残り続けていました。あれだけ加熱されたら、正直、後のほうのコンビはかなりやりづらかったやろなと思うほどでした。

劇場に立っている肌感覚としては、最近はお客さんのほうも漫才の嘘に寛容になってきていると感じます。「そんなわけないやろ」と引かずに、とりあえず嘘の設定を飲み込んだうえで、ネタの内容が面白ければ聞き続けて笑ってくれる。そこは、いい時代になっているなと思います。

さや香の「ホームステイ」にしても、嘘だとわかりやすい設定は一昔前の漫才だったらナシやったはずです。だけど、あれだけボケとツッコミの応酬が成立していて、しっかり漫才として昇華できていれば、もう立派な「漫才」なんです。

「漫才じゃない」の元祖ジャルジャルが見せた涙

「漫才じゃない」ともっとも言われてきたのは、おそらくジャルジャルでしょう。

それが特に顕著だったのはM－1ですね。決勝まで進んでも、いまいち点数につながらない。2010年に初めて決勝進出したときにも、審査員の松本（人志）さんから「これを漫才と取っていいのかどうか？」とはっきり言われていました。

世界観と展開がコント的、なおかつ独特すぎて、「これは漫才じゃないんじゃないか」という見る側の引っかかりが壁になってしまう。そのために何度、彼らは悔し涙を飲んだことか。

それが2018年のM－1決勝の1本目、ずっとジャルジャルに厳しかった中川家の礼二さんが高得点をつけました。

「ジャルジャルは漫才の振りで入るコント」というのが、礼二さんの当初からのジャルジャル評。礼二さんはジャルジャルの面白さを前々から認めていましたが、ご自身にはずっと大切にしてきた王道の漫才スタイルがあります。面白いとは思っても、M－1のような舞台でジャルジャルに安易に高得点をつけるわけにはいかなかったんやないかと思います。

「おもろいのはわかってんねんけど、自分たちの漫才があるから、ジャルジャルの審査が一番難しい。石田やったらどうする？」と、直接聞かれたこともありました。

一方で、僕はジャルジャルからもいろいろと相談を受けていました。

彼らは彼らで、面白いネタは作れるんやけど、やっぱり「漫才じゃない」と言われ続けていることを気にしていました。「どうしたらもっと漫才っぽくなるんかな」と試行錯誤していたんです。

そういう経緯があるなか、迎えたのが2018年のM－1でした。

1本目のネタは「国名分けっこ」。オリジナルの変なゲームを持ち込んだ福徳（秀介）くんに、後藤（淳平）くんが「わけわからへん」っていうリアクションをとりながら、最後までしっかり振り回されていました。

文句なしに面白かった。「漫才じゃない」と言われ続けたジャルジャルですが、このネタを見て、僕はこれはめちゃくちゃ漫才やなと思いました。

しかも、ただシステマティックに変なゲームを見せるだけではなく、ネタの本筋とは違うところで後藤くんのかわいげを見せる。そういうナマの人間臭さを垣間(かいま)見せることで「設定外の笑い」をとれていたのもよかったと思います。

時代の変化も味方したのかもしれません。

もともと漫才師だけの大会だったM－1が、第2期の2015年以降、その枠外からコント師も参入する「何でもあり」の大会に変化し、2018年は、それが見る側にも受容されてきたくらいのときでした。

だからジャルジャルも、決勝でいい戦い方ができたんちゃうかなと思います。

そして何より、ネタの入り方から終わり方まで、彼らなりの漫才に対するリスペクトが感じられました。

あくまでもジャルジャルらしいスタイルは貫きつつ、しっかりと「面白い漫才」に仕上げた。そこを礼二さんも感じ取って、あっぱれと思ったからこそ高得点をつけたんやと思います。他の審査員の方々も軒並み高得点でした。

あのとき、福徳くんの目にはうっすら涙が浮かんでいたんです。

それが僕には「やっと漫才として認めてもらえた」という安堵と感激の涙に見えて、思わず、もらい泣きしそうになりました。残念ながら優勝はできなかったけど、彼らにとっては記念すべき大会になったと思います。

見た目、動き、小道具……漫才か、漫才じゃないか

「漫才か、漫才じゃないか」論においては、よく「見た目」も話題になります。揃いのスーツじゃないから、サンパチマイクから離れて動き回っているから、小道具を使っているから……あれは漫才じゃないなどと言われます。でも僕自身は、そういう見方はしていません。
NON STYLEも揃いのスーツなんか着ていません。井上はTシャツやタンクトップにジャケット、近年はスーツのこともある。僕は昔からオールホワイトコーデ

です。

あと、僕らはサンパチマイクから離れてめっちゃ動き回ります。むしろガーッと盛り上がって言い合うところでは、マイクから離れたほうがいいとすら思っているくらいです。

普段の会話だったらあんなに近い距離で言い合うほうが不自然ですから。音声が届きづらい環境ならばともかく、設備が行き届いているところで、あえてずっとマイクに張り付いている必要はないと思うんです。

また、僕らは小道具を使うこともあります。「人命救助」のネタでリップクリームを使ったときは「小道具を使うのは漫才としてどうなのか」という声も聞こえてきましたが、リップクリームくらい、普段から持ち歩いている人は多いでしょう。

だったら、急にポケットから取り出しても不自然ではないはず。不自然でなければ作り物感は出ないので、自分たちの中でOKとしています。

だけど、普段、持ち歩いていないもの、たとえば「手紙」とか「銃」などが出てきたら、それはさすがに不自然なことになる。これは漫才やなく、コントになるかなと思います。

つまり、何事においても僕が重視したいのは、やっぱり「偶然の立ち話」として成立するか。「打ち合わせゼロ」の体(てい)を守れるかどうか、なんです。

結局、「ベタが最強」「アホが才能」

ここからは、「面白い漫才とはどういうものか」を考えたいと思います。

漫才も多様化が進んでいて、どんどん新しいものが出てきていますが、結局、僕は「ベタ」が最強だし、「アホ」であることが自分の才能やと思っています。

僕は中の中レベルの中学・高校を、定期テスト前に付け焼き刃で勉強することでなんとか進級して卒業しました。大学には行かずに板前修業を始めたころに、友だちに誘われて芸人になりました。要はあまり学がない人間なんです。

だから、そもそも「賢いお笑い」は僕にはできません。だから、このアホさ加減を1つの才能やと思って万人受けを狙っています。

ときにはニッチなお笑い——たとえば僕の大好きな『ジョジョの奇妙な冒険』の名ゼリフをボケに入れるとか、やってみたいと思うこともありますけど、「ジョジョ」好きの人にしかウケないとわかっているのでやりません。

そういうことをすると、僕らのネタを見てくれる人たちの中に「ジョジョ」好きの輪ができます。「NON STYLEって、『ジョジョ』のマニアックなネタをやるよね、あれ好きなんだよね」と。

でも、これは「私たち『ジョジョ』好きだけが知っていることをやってくれる」というマニア的な優越感でもあるでしょう。そんなふうにお客さんを選ぶようなことはしたくない。やっぱり僕らとして狙うべきは「ベタ」やと思うんです。

ベタっていうのは、見た人全員が共感できるもの。知識や文化レベルにほぼ関係なく、誰もが理解できる普遍的なものです。

ただ、ベタなことをベタな設定でやったらベタベタになって、「どこかで見たことがある」ようなネタになってしまいます。

勝負どころは「ベタなこと」を、いかに「斬新な器」に入れて新しく見せるか。今のお笑いシーンは、このフェーズに入っているように見えます。

たとえばヨネダ2000のネタは、めっちゃ斬新で奇抜に見えます。たしかに斬新で奇抜なところもあるんやけど、実は要所要所でちゃんとベタも入れている。僕から見て、さじ加減がほどよいコンビの1つです。

笑い飯はベタをベタじゃなく見せる天才

「ベタなこと」を「斬新な器」に入れて新しく見せる。その点でピカイチなのは笑い飯ですね。めちゃくちゃベタなんやけど、いつも設定が圧倒的に面白い。天才的やと思います。

笑い飯の何がすごいのか。ボケとツッコミが何度も交互に入れ替わる「Wボケ」というスタイルですけど、そこでポイントなのは、お互い相手に加担するツッコミはしないことです。

常に「俺のほうがおもろい」という戦いをしていて、相手のボケに対しては「そんなことあるかい、ちょっと変われ！」式に、めちゃめちゃシンプルに短くしか突っ込まないんです。

まさに相手のボケにシンプルに突っ込むという、漫才の基本に忠実です。こうした2人の関係性が守られているうえで、「変われ！」「変われ！」ってどんどん加速していくので、見ているほうはどんどん巻き込まれて、笑ってしまう。

面白さは、やっぱり「ベタか、ベタじゃないか」ではなく「ベタなことをどう見せるか」、いかに「くだらないこと」を「くだらないという面白さ」に昇華させるかにかかってる。笑い飯のネタを見るたびに、そう思います。

クイズ番組理論——「自分でもできそうなツッコミ」を先に見せる

「ベタが最強」とはいいつつも、ベタなボケとツッコミを続けているだけでは、「爆発力」に欠けてしまいます。漫才の展開で重要なのは、笑いのボルテージを徐々に上げていくことです。

誰もが瞬時に理解できるレベル1のボケから始めて、レベル2、3、4と上げていく。僕はこれをよく「クイズ番組理論」と表現します。

クイズ番組って、「自分でも答えられそうな問題」が出ると面白いですよね。

全然わからない問題ばかりでは面白くない。かといって簡単すぎても、わかったときの満足度が低くて面白くない。「あ、この人が正解出したけど、私にもわかってた！」みたいな問題が出ていると面白いわけです。

漫才も同じです。特にネタの最初のほうのボケは、「何してんねん！」とか「なんでやねん！」とか「そんなわけあるかい！」とか、お客さんでもツッコミを思いつくくらいのものだと食いつきがいい。

それをいくつか続けておいてから、ふと変な間を作ったり、少しわかりづらいボケを差し込んだりする。それまで自分でも突っ込んでいたお客さんが、一瞬、迷子になって「ん？」となったところで、少しレベルの高いツッコミを鮮やかに決める。

すると、迷子状態が瞬時に解消されてドカンとウケる、という具合です。

これが漫才のクイズ番組理論。しばらくわかりやすいボケとツッコミを続けたうえで、一瞬「ん？（わからない）」と緊張させてから「ああ（納得）」と緩和させるという意味では、「緊張と緩和」の展開と呼んでもいいかもしれません。

笑い飯はこれも天才的に上手い。「最終的な笑いの爆発」への持って行き方が芸術的やなと思います。

音楽に音階があるように、お笑いにも「ベタの段階」みたいなものがあります。笑い飯は「ドレミファソラシド」と順番に音階を上げていくような感じで、レベル1から始めて、レベル2、レベル3……レベル8と、ボケのレベルを順繰りに上げていっているように見える。

最初にレベル8のボケをやったら、多くのお客さんはキョトンとするだけでしょう。でも笑い飯の場合は、すでにお客さんがレベル1、レベル2と徐々に〝調教〟されているから、最後、レベル8に到達したときに、面白さが最高潮に達する。その瞬間、お客さんの間で一種の達成感が生まれてバコーンとウケるんです。

笑い飯の爆発力の秘密は、そこでしょう。

いくらベタが最強といっても、ずっとベタだと飽きられてしまいます。「飽きる」は「つまらない」と同義ですから、ベタを打ち続けるのは、得策ではありません。

ベタというものを熟知していて、ベタを利用しつつ、ちょうどいい加減で自分たちの尖(とが)った笑いを入れていく。これが絶妙に上手い漫才師がウケている。今はそういう流れになっていると思います。

逆にもったいないなと思うのは、ボケは半ばどうでもよくて、ツッコミの面白さばかりが期待されてしまうタイプの漫才師です。ボケの種明かしをする「共闘型」に多いですね。

共闘型だと、どうしても「ツッコミを見せるためにボケさせる」という方向に行ってしまい、「ボケが弱い」「ボケ自体が面白くない」というネタになりがちです。

実際に、僕が教えているNSC生、特にツッコミ側がネタを書いている子たちには、「ツッコミのためのネタにならへんように」とアドバイスすることが多いです。

いきなりわかりづらいボケを入れて、ツッコミに説明させる。もちろん、それでドカンとウケればいいんですが、「爆発」といえるほどウケないケースをよく見かけます。ボケ単体でお客さんが笑えず、ツッコミを待つようになってしまい、笑いのポイントが半減してしまっているわけです。僕からすると、もっとベタをうまく利用したらいいのになと思ってしまいます。

変に小難しいことをせずに、ベタなボケとツッコミで笑いを積み上げて、ポイント

ポイントで少しわかりづらいボケと説明ツッコミを入れたら、もっとウケるでしょう。このやり方なら賞レースでももっと評価されるはずです。

思えば、かつての銀シャリも、それに近いものがありました。ツッコミの橋本（直）の突破力が強いから、ボケがツッコミの単なる前振り、いわば「ツッコミが面白いことを言うためだけのティーバッティング」みたいになりがちやったんです。でも銀シャリは、どこかのタイミングで、ボケの鰻（和弘）の面白さとか橋本に嚙みつく感じを、もっと出したほうがウケるって気づいたんやと思います。２０１６年にＭ－１チャンピオンになれたのは、その気づきの結果でしょう。

ワイン理論――「くだらない」と言われるボケは強い

ボケの「レベル」についてもう少し深掘りします。たとえば、ボケには「くだらないけど、つい笑っちゃう」と思われるものと「これをわからないと思うのは、自分がお笑いをよくわかっていないからだ」と思われるものがあります。

直近の例でいうと、2023年のM－1で決勝に進んだヤーレンズと真空ジェシカは、いい対比かなと思います。

ヤーレンズは畳み掛けるようにずーっとボケています。もちろん笑いはとりたいんやろうけど、そんなことはどうでもいいと思っているように見えるくらい、ずっとふざけています。

しかも、楢原（ならはら）（真樹）くんはキュートにボケる。そんな「人間臭くて、かわいらしくて、とっつきやすいボケ」がヤーレンズの特徴です。まさに、「くだらないけど、つい笑っちゃう」というタイプやと思います。

一方、真空ジェシカもボケの量は多いけども、川北くんのボケは決してとっつきやすくはありません。川北くんも、ボケらしいボケで素敵やと思います。ただ、あまりかわいらしさは感じさせず、どこか才気走っている雰囲気がある。もし川北くんのボケを笑えない人たちがいたら、多くは「私には理解できない、高度なボケ」と思うでしょう。

こうした違いを、僕はよくワインにたとえて話します。

ワインには、フレンチレストランで出されるような高級ワインもあれば、居酒屋で出されるような安旨ワインもありますよね。

仮に高級ワインを飲んだときに、おいしいと思えなかったとしましょう。でも「おいしくない」とは言いづらいし、「これをおいしいと思えない自分の味覚が未熟なんだ」と思うに違いありません。

その点、居酒屋ワインは、高級ワインよりもずっと気楽に楽しめます。「これ、安いけど、おいしいんだよね」なんて言いながらガブ飲みできる。たとえおいしくないと思っても「自分の味覚が未熟なせいだ」とは思わないはずです。

この話に当てはめると、真空ジェシカ川北くんのボケは高級ワイン、ヤーレンズ楢原くんのボケは居酒屋ワインです。

もちろん、どちらがいいかは好みの問題ですが、お客さんが安心して笑えるのは楢原くんタイプのボケです。

「ハイセンスなボケ」と思われがちなボケは、本人たちが意図していなくても、お客さんを選んでしまうという壁にぶちあたりがちです。

一定数のお客さんに、「私にはわからないけど、よくできている高度なお笑いらしい」と思われて距離を取られてしまう。「つまらないなんて言えない」と感じさせてしまう。ひょっとしたら、そんな難しさを川北くん自身も感じているかもしれません。

一方、2022年あたりからのヤーレンズを見ていると、「くだらないんだけど、つい笑っちゃう」領域にうまく滑り込んだなと思います。2023年のM－1決勝でも、優勝は逃したとはいえ「居酒屋ワイン的なボケ」の強みが炸裂していました。

"初下ろし"のネタが一番ウケる

漫才は「鮮度」も重要なポイントです。ネタの回数をこなして慣れたほうが、ほどよく硬さが抜けてウケやすくなるかと思いきや、実はそうでもありません。ウケの量は新鮮味に左右されるところが大きいんです。

これは漫才に限らず、お笑い全般にいえることやと思います。面白さのハードルは「ぶっつけ本番」が一番低い。たとえば、バラエティのフリートークを思い浮かべてみても、ＭＣにパッと振られて瞬発的に披露するエピソードのほうがウケますよね。「準備してきた」感が漂ったら、お客さんは簡単には笑ってくれません。

大喜利だって「では、大喜利をたくさん考えてきたので、いくつか発表します」ではまったくウケない。その場で初めて見るお題に、瞬時に答えるから面白いわけです。


同じように、漫才も初下ろしのネタが一番いい。だけど、全部初下ろしのネタにするわけにはいかない。ネタを作れる本数にも限界があるし、「あのネタを見たい」というお客さんもいるからです。だから、大切なのは何回か披露しているネタでも初下ろしに見えるように、見る側に新鮮さを感じてもらえるようにすることです。鮮度を演出できるかというのも漫才師の腕のうちやと思うんです。

そこでモノを言うのも、ツッコミの「リアクター」としての能力です。ツッコミが「初めて聞いた感」をちゃんと出すことで、お客さんにウケやすくなります。その点でも見事やと思うのは、さや香の新山くんですね。何度も劇場でかけているネタであっても、初めて聞いているかのようにガンガン突っ込んでいけるのは大したものやと思います。

ネタ合わせは「本気でやらない」

僕らの場合だと、ネタ合わせを「本気でやらない」ことで、ネタの鮮度を保っているところがあります。

ネタの鮮度は特に、リアクターであるツッコミから落ちていきます。つまり、いかに井上を「こなれさせないか」が鮮度を左右するわけですが、綿密にネタ合わせをして、さらに寄席で何回もかけたりすると、だんだんと予定調和が出来上がってしまいます。

「石田はこうボケるから、俺はこのトーンで突っ込む。そうしたら石田が今度はこうボケてくるから、俺はこう突っ込めばいい」

いつも「台本通り」だったら、ツッコミはボケを聞かなくても突っ込めるようになります。

漫才はいうまでもなく、あくまでも「ボケに翻弄されるツッコミ」「ボケに応対するツッコミ」という関係で成立しているので、ボケを聞いてツッコミが反応するという形が崩れたら話になりません。

お客さんは、ボケへのリアクターであるツッコミに共感して笑うものなので、ツッコミがネタに飽きていると、お客さんも飽きた感じになってしまうんです。ネタの鮮度って、こうやって落ちていくんですね。

だから僕らは、ネタ合わせを本気でやらない。「こうなって、こうきて、ここで俺がボケて、お前が突っ込んで」程度に台本の流れを確認するだけなので、井上は、僕がどうボケるか、ほとんどわからない状態で本番に入ります。

そうなると、当然、僕のセリフをちゃんと聞いていないと突っ込めません。井上自身、僕のボケをほぼ初めて聞いて反応することになるから、「偶然の立ち話」という漫才の基本を守ることもできる。

僕には、いつも「いかに井上を飽きさせずに楽しませるか」「いかに井上を困らせるか」という意識があります。そのために、毎回、ボケの言い方を変えるし、アドリブも入れる。井上が飽きずに楽しめば楽しむほど、井上が困れば困るほど、漫才が面白いことになるからです。

井上のリアクターとしての能力値は、乗っているときはほんまに高い。井上が楽しんだら楽しいツッコミになるし、困ったら困ったで「お前、なんやねん！」という怒りが突破力のあるツッコミを生み出します。するとお客さんも共感して、笑いが起こりやすくなるんです。

これが要は、ネタの鮮度が保たれている状態。

なので、あの手この手で井上を楽しませて困らせて、そして乗せるというのは、ネタの鮮度、面白さを保つための僕の役割やと思ってるんです。

声量がない人は「たとえて突っ込む」

ちょっとニッチなテーマにはなりますが……漫才にとって「声量」は大切なポイントです。特にツッコミにとって、声量は外せない要件やと思います。声が大きければいいとは限りません。実は声量によって、適したツッコミ方が違うんです。

声量がある人は、回りくどいことを言わなくても、シンプルに突っ込むだけで成立してしまいます。ホームラン打者みたいなものです。スカーンと会場中に届く声には貫通力があり、「なんでやねん！」「なんでだよ！」のひとことを発しただけでウケる。代表格はブラックマヨネーズの小杉（竜一）さん、アンタッチャブルの柴田（英嗣）さん。あと、相方の井上もこの類に入るでしょう。

では、あまり声量がない人は優れたツッコミになれないかといったら、そんなことはありません。多いのは、「〇〇やないんやから」「何が〇〇じゃ」式に、ボケを何かにたとえて突っ込むパターンですね。

会場に声を響き渡らせて一瞬で突破するのは難しいため、ふたこと、みこと、面白いワードを入れて、その上手さで笑わせるわけです。フットボールアワーの後藤（輝基）さん、くりぃむしちゅーの上田（晋也）さんなどは、このタイプでしょう。

「会場に通りづらい声」というと短所みたいですが、これは「ずっと聞いていられる心地よい声」ともいえます。だから、長いワードで突っ込んでも聞いてもらえるんです。逆に、声量がある人が言葉多めに突っ込むと、お客さんの耳には、ちょっとしんどく感じられます。

つまり、優劣ではなく、性質の違いからくる適性の話なんやと思います。そこを見過ごし、ツッコミのチョイスを間違っている若手漫才師は意外と多い気がします。

声量があるのに、憧れている漫才師が「言葉多く突っ込むタイプ」やから、そちらに寄せてしまっている。逆に、シンプルなツッコミだけで突破しようとしているけど、全然声が届いていない。いずれも、「声量」という自力では変えようのない要素にそぐわない選択をしています。

これはネタの面白さ以前の、ツッコミの第1段階の話です。ここで自分の適性を見誤り、ウケなくなってしまうのはもったいないので、これからの人たちには、ぜひ意識してほしいポイントです。

「2人の声」で展開をつくる

舞台によってネタの長さは違いますが、漫才では数分、ときには10分以上にわたり会話を聞かせ続けます。そのためには「聞き心地のよさ」も欠かせません。

前に「ツッコミに声量がある場合、言葉多めに突っ込むとお客さんの耳にはしんどくなる」と話しましたが、漫才そのものの聞き心地は、どう2人の声を掛け合わせていくかにかかっています。

「自然な会話」に聞こえるように、2人の声のトーンを調整しつつ展開する、これが重要なんです。たとえば僕が、10段階中3くらいの声量で「このあいだ水族館に行ったんですよ」と振ったときに、井上が急に7くらいの声量で「水族館？」と受け答えると、明らかに聞き心地は悪くなります。

そんなトーンのジャンプは、通常の会話では起こりません。つまり声のトーンの選択をひとつ間違えるだけで会話の響きが不自然になり、それが聞き心地の悪さにつながることがあるんです。

漫才は2人の掛け合いで進んでいきます。そしてそれが自然に響くようにするには、6の声量の振りには7、もしくは5で応えるという具合に、声のトーンをやや上げるか、やや下げるのが基本です。

上げるか下げるかは、振りを受ける側の「関心の強さ」によります。振られた話に関心を示す場合は上げる、無関心を示す場合は下げる。実際の会話もよく観察してみると、基本的にはこうやって進んでいるはずです。

声のトーンをうまく調整して自分の関心を示しつつ、「振り」から「受け」へと乗り換え、また次の「振り」にパスする……こうやって、お客さんの耳に響く音のバランスをとることで、自然で聞き心地のいい漫才になります。

ただでさえ漫才には、ボケ・ツッコミという変な会話、違和感満載の要素が差し込まれます。そうした会話に至る手前の部分で、聞き手に違和感を抱かせてしまったら、肝心のボケとツッコミのところで笑えなくなってしまいます。

漫才を見ていて、「なんかぎこちないな」と思ったことはないでしょうか。こういう漫才師は、うまく声量がコントロールできていない可能性が高いです。特に若手のうちは、まだこうした声のトーン、音のバランス調整に慣れていないため、どうしても「作り物」感が漂いがちです。逆に経験豊富な漫才師、たとえばナイツの2人はお互いがずっと寄り添っているような声量なので、ずっと心地よく聞いていられます。

さて、ここからはちょっと見解が分かれるところです。

漫才は掛け合い、いうなれば言葉から言葉、声から声のリレー。この点にこだわり、声のトーンも毎回同じように展開すべしと考える漫才師もいる一方、僕は、舞台に立ったときの自分たちの感覚に合わせて変えていいと思っています。

なぜなら、人間の体調や感情は日々変化しているものだから。会話の内容は同じでも、その日そのときの自分たちの感覚を無視して、いつも同じトーンで展開するほうが、むしろ不自然になってしまうやろうというのが僕の考えです。


ときには井上の気分が全然乗ってこない日もあります。そのままではネタに入っていけないので、井上をイライラさせて無理やり乗せるために、わざと同じくだりを繰り返したりします。

イライラした井上がようやく「いや、もうええから、はよ行けや!」とトーンを上げてきたらネタに入る。いわば「ひとりリフティング」状態です。こうやって、自分と相方の状態を見極めながら、声のトーンを常に調整しているんです。

関東か、関西か——「言葉」と「ネタ作り」

インタビューなどでたまに「関西と関東の漫才に違いはありますか？」と聞かれます。単純に一括り（ひとくく）りはできないものの、さまざまな点で異なることは事実でしょう。

まず、当然ですが「言葉」が違います。

以前、ナイツの塙くんが「関西弁だと『なんでやねん！』で事足りてしまう。関東にはそういう万能の言い回しがないから、うらやましい」というようなことを言っていました。たしかに笑いをとるうえで、関西弁は有利といえば有利やと思います。「なんでだよ！」だと否定のニュアンスが強くなりすぎてしまうけど、「なんでやねん！」だと甘噛みというか、じゃれ合いに持っていきやすい。このひとことのみならず、関西弁のイントネーション自体が、笑いをとりやすくできていると思います。

ただ、関東勢が分厚くなるにしたがって、お客さんも関東の言葉で漫才を聞くことに慣れてきています。関東の漫才師たちもうまく「面白い雰囲気」を出せるようになっているので、今となっては、言葉面での違いは、だいぶ小さくなっているんやないかと思います。

他に関西勢と関東勢とで違うと思うのは、「力点の置きどころ」です。

関東勢は、どちらかというと「手段」を考えることに力点を置いている。傾向と対策を練り、「どうしたらお客さんを笑わせられるか」という合理的思考に長けている人が多いように見えます。

それに対して関西勢は「笑ってもらえるネタを作ること」よりも、「面白い漫才師になること」にこだわる職人気質の漫才師が多いと思います。専門用語でいうと「人（芸人の持っている人間性やキャラクター）を見せようとする」わけです。

「卵かけご飯」にたとえると、関東勢は「大根おろしとラー油入り卵かけご飯」というように趣向を凝らしたもので勝負しているようなものです。

一方、関西勢は、「白米、卵、醬油」という王道の卵かけご飯を「エサにこだわった平飼い鶏の新鮮卵と、ピカピカの米、そのためだけに作られた醬油」みたいにして、どれだけおいしく出せるかにかけているという感じです。

先ほどもいったように、関西には「なんでやねん！」という普遍的なパワーワードがあるけども、関東にはそれがない。だから関東勢は手段で売れるほうへと行きがちやと見ることもできるでしょう。

繰り返しますが、これはあくまで傾向であって、すべての漫才師に当てはまるわけではありません。僕自身、関西の出身ですが、「手段」を一生懸命考えてきたからこそ、賞レースなどでも結果を出してこれたんやと思っています。

「僕は吉本所属だから成長できた」

最後に、これもよく聞かれる「吉本興業の芸人と他事務所の芸人の違い」にも触れておきます。簡単にいうと、よくも悪くも「環境」が違います。

吉本に所属していると、新人でもネタを披露するチャンスがたくさんあります。実戦経験を積み、さまざまなタイプの先輩たちの芸を目の当たりにし、ライバルとも切磋琢磨しながら芸を磨く――というプロセスが、ごく自然に成立します。

ただ、ネタを披露するチャンスや他の芸人のネタを見るチャンスに多く恵まれると同時に、それだけ競争が激しい厳しい世界でもあります。

ウケない、売れないことによって芸人を引退してしまう人もいるし、他のコンビと自分たちを比べて「あいつらと似てるから変えよう」「今いい感じのあいつらと同じようなことをやっていたら埋もれてしまう」といった自主規制も働きがちです。

本来なら縦に伸びることに使われるべきエネルギーが、他との比較で左へ右へと身をかわしながら自分の居場所を探すことに割かれている、といったら伝わるでしょうか。

激しい競争にさらされ、技術は確実に磨かれる。ただ、縦に伸びるスピードは、他事務所の芸人たちと比べると鈍くなりがちなことは否めません。

一方、吉本以外の事務所ならば、比較対象はそれほど多くないので、いい意味で盲目的にやっていけるし、そのおかげで自分の信じる面白さを順調に伸ばしていけるんやと思います。

現にM－1でも、2023年に吉本所属の令和ロマンが優勝する前、錦鯉、ウエストランドと他事務所所属のチャンピオンが続きました。どちらのコンビも、下手に他と比べず真っ直ぐに育った巨木のように思えました。

特に2022年のM-1決勝は、見ている人たちにとっては、ちょっと衝撃的やったのではないでしょうか。

優勝したウエストランドは決勝の1本目も2本目も「あるなしクイズ」で、YouTuberやアイドルなど、いろんな存在をディスりまくるという毒舌ネタを披露しました。このコンプラ重視の時代によくやったもんやなと思います。

ウエストランドは、お笑い界の「生レバー専門店」やと思います。

生レバーは禁止されているけど、好きな人はやっぱり食べたい。こっそり「生レバー、あります」と言ってくれる店があったらひそかに通う。

ウエストランドの毒舌ネタも同じです。

世間的に何かをディスるのはよくないとされているけど、世の中であまりにも制限されてしまうと、ちょっと窮屈に感じてしまう。そこへ「毒舌ネタ、ありますよ」と言って出てきたのがウエストランドです。

彼らを最終的に優勝させたのは芸人審査員の方々ですが、ストレートで決勝進出を決め、決勝の客席でもウケていたので、そろそろ毒舌を欲している人が多かったということでしょう。

ウエストランドがいいのは、容姿端麗の人が毒を吐くのではなく、あの佇(たたず)まいの井口（浩之）くんが必死に何かをディスる姿を見せていることです。聞いていると、けっこうひどいことを言っているのに不快感を生じさせない、なんともいえないかわいげがある。それこそ井口くんという「人間」が見えるから聞いていられる漫才になっていると思います。

それに何気ない言葉のチョイスも上手い。実は単なる毒舌ではなく、毒舌をうまく調理していたので、特に芸人の間では納得の優勝でした。ウエストランドは、周りを気にせず、自分たちの面白いと思うネタを追求したからこそ、これだけの「強さ」を出せたんやと思います。

僕自身の話をすると、NSCではなく、オーディションで入りましたが、吉本所属でよかったと思っています。

吉本は365日、必ずどこかで舞台をやっているから、出られるチャンスは多い。そしてチャンスが多いだけに、出られなかったときの悔しさ、「何くそ」感は生半可なものではありません。「なんでこんなにチャンスがあるのに、1つも回ってこないんや」と。

そんなめちゃくちゃ激しい競争があるなか、レベルの高い人たちの芸を見たり、そうした人たちと直(じか)にお話しできたりと、縦のつながりによって成長させてもらったという感覚も強いですね。

吉本に所属できていなかったら、今の僕はありません。

2章

「競技化」で漫才はどう変わったか？

【M-1論】

面白いだけではダメ、上手いだけでもダメ

NON STYLEは2008年のM-1で優勝しました。

慣れ親しんでいた「イキリ漫才」(井上がかっこつけるのをいじる漫才)を捨て、新たに構築したスタイルで勝ち取ったチャンピオンの座。そうまでする覚悟を決めた大きなきっかけとなったのが、前年2007年のM-1でした。

準決勝で敗退した僕らは、敗者復活戦で決勝に行ってやると意気込んでいました。正直、ほんまに行けると信じて疑っていませんでした。

ところが、その座を射止めたのはサンドウィッチマン。本当に悔しくて、M-1に挑戦して以来、初めて号泣したんです。それまでも敗退するたびに「悔しい」とは口にしていたけど、本当は、それほど悔しくなかったんやと気づきました。

なぜ悔しくなかったのかというと、たぶん、「決勝に行ける」「チャンピオンになってやる」と自分に言い聞かせていただけで、あの舞台に立つ自分の姿をリアルにイメ

ージできていなかったんでしょう。

敗者復活戦の会場にはなんともいえない連帯感が漂っています。選ばれたコンビを送り出した後もみんな会場に残って、巨大モニターで一緒に見ながら応援します。僕も何の疑問もなく、「行ってこーい！」「引っかき回せー！」なんて声援を送っていました。２００６年までは。

２００７年は、ただただ悔しくて涙が止まりませんでした。

サンドウィッチマンを応援する気持ちにもなれなかったし、無邪気に声援を送っている人たちを見て「お前ら、悔しくないんか」「そんなんやから勝たれへんねん」なんて、ひどいことも思っていました。

それまでは自分も無邪気に声援を送っていた1人やったのに、どの口が言うんやという話ですが……。

そして蓋を開けてみれば、サンドウィッチマンが敗者復活戦からチャンピオンになるというM－1初の快挙を成し遂げました。僕は、決勝の舞台でどっかんどっかんウケているサンドウィッチマンを見て初めて、M－1決勝のステージに立つ権利をもらえた気がしたんです。

以前から立てるつもりでいたけど、それは勘違いやった。今度こそリアルに決勝の舞台に立っている自分の姿をイメージできていたのに、行けなかった。こんなにも悔しさを感じてこそ、本当の意味で、あのステージに挑めるんやな、と。


そこから自分たちの漫才をイチから見直し、構築し直す試みが始まりました。

まず、自分たちの代名詞だった「イキリ漫才」を捨てることにしました。

イキリ漫才は路上や劇場ではウケていたけど、どうもM－1には向かなかった。

特に2007年はイキリ漫才の集大成、マックスを出したつもりだったのに敗退してしまいました。

当時、僕らはよく「NON STYLEは上手いだけだからな」「NON STYLEのネタは台本があれば誰でもできる」と言われていました。

「上手い」というのは、「独特」とか「個性的」とかではなく、「技巧的でそつがない」という感じがする。決して褒め言葉ではありません。いくら寄席でウケていても、そこがずっと引っかかっていたんです。

面白いだけではダメ。上手いだけでもダメなんや。マックスを出し切ったつもりのものを続けても、しょせんは焼き増しにしかならん――。

だから、いったんイキリ漫才は封印しようという判断でした。

「イキリ漫才」を捨てて構築した新たなスタイル

じゃあ、どう新しいスタイルを構築するか。

当時の背景を少し説明しておくと、2007年2月に「爆笑レッドカーペット」が放映され、定期的な特番として回数を重ねていたころでした（2008年4月からレギュラー化）。

芸人がベルトコンベアに乗って次から次へと登場しては、1分前後のショートネタを披露して消えていく。超短時間のうちに、どれだけ多く効果的に笑わせられるかで勝負しなくてはいけない時代が来ようとしていました。

ショートネタブームも、いってみれば漫才の脱構築です。良し悪しは別にして、

「2人の会話」を積み上げて笑いをとっていくという漫才本来の形を壊すものでした。

そこで僕は、1つの展開で2つの笑いをとる「二重奏の漫才」ができんやろかと考えました。

このイメージは割と早くから湧いていて、2007年の敗者復活戦敗退の直後には、「これからは、二重奏がやりたいねん」と井上に伝えた記憶があります。

井上には意味が伝わり切らなかったようで、「今までのやり方のほうがええんちゃう?」なんて言っていましたが、僕には、それだけではあかんという確信があったんです。

といっても、実際に2008年のM－1決勝で披露した「太ももを叩く反省ボケ」のスタイルに一足飛びにたどり着いたわけではなく、かなり試行錯誤しました。

たとえば、一見、普通に漫才をやりつつ、僕の言葉と動作がズレている、みたいなボケを連発するネタを試していました。

具体例を出すと「警察の取り調べ」という設定で漫才コントに入るが、早く打ち上げに行きたい石田が飲み会の動きを繰り返す」というネタです。取り調べのやりとりという通常の漫才に並行して、「石田が飲み会の動きをする」という2つ目のボケを走らせているわけです。これもそれなりにウケましたが、爆発力には乏しかった。

そんなこんなで、あるとき「僕がボケる、井上が突っ込む、それに対して僕が反省する」という2段構造にするのは面白いかもしれへんと思って、いくつか台本を書いてみました。

それが、残念ながら、あまり面白くなかった。活字にしてみたら、期待していたほどではありませんでした。でも、なんだかアイデアを捨て切れなくて、試しに台本には2段目のボケを書かずに井上に渡し、ネタ合わせに挑みました。

すると、台本にはない2段目のボケを入れたときに、めずらしく井上が笑ったんです。これは行けるかもしれないと思って、今度は劇場にかけてみました。当初、太ももを叩くところは3つだけでしたが、それがかなりウケました。

これも本来の漫才の形を壊しています。しかも、太ももを叩いて戒めるたびに、漫才の流れがいったん止まります。漫才の基本としては、流れを止めずにどんどん展開したほうが気持ちいいはずなので、この点でも挑戦でした。

テンポよくポンポン展開するのが上手い漫才の要件だとしたら、その対極のようなスタイルです。でも実は、「あえて下手に見せてみよう」というのも狙いのうちやったんです。「上手いだけ」と言われ続けた僕らからのカウンターパンチでした。

このスタイルを、もっと試したい。そこで、ある大学の学祭に呼ばれたとき、ステージに立つ直前に、僕は井上にこう伝えました。

「ごめん、どうなるかわからへんねんけど、例の太もも叩いて自分を戒めるっていうのを全部のボケの後に入れるから、適当に突っ込んで」

結果は、ウケるところはウケるけど、ウケないところは全然ウケないという、しっちゃかめっちゃかの出来でした。

野球でいえば、「ホームランか？　三振か？」の両極端が入り乱れる感じ。それまで大きく外すことはなく二塁打を積み重ね、「NON STYLEは上手いだけ」と言われる漫才人生を送ってきた僕らにとって、その両極端な感じは新鮮でした。

こんな「一か八か感」は今まで抱いたことがない。何かが見えた気がしました。

時はすでに2008年の秋口になっていましたが、ようやく手応えを感じられたので、このスタイルで作り込もうと決意しました。

ネタの大筋はできていました。あとは太ももを叩きながら何を言うか、どこで熱を上げ、どこでちょっとスカし、確実に笑いをとっていくか。検討を重ね、なんとか12月末に間に合わせて臨んだのが、2008年のM－1でした。

「二重奏」のスタイルが爆発したM－1決勝

今でもたまに、「優勝したM－1はどんな感じでしたか」と聞かれることがありますが、とにかくめちゃくちゃ緊張していました。出番の前にネタ合わせをしているときも「あれ、次はなんやったけ？」となってしまい、1回もちゃんと通しでできなかったくらいです。

緊張がまったく解けないまま、自分たちの出番が来て、「はい、どうも！」と舞台に出て行ったんですが、その瞬間、口から全部内臓が飛び出たみたいな感覚になりました。心臓がバクバク言いすぎて、井上の声もあまり聞こえない。

ネタ中はずっと、「井上のテンポが遅すぎる。大丈夫か」と焦っていました。でもほんまは井上はいつも通りで、僕が緊張してそう感じているだけやったんです。

最後まで緊張はしていましたが、漫才はとにかくウケた。井上のツッコミで笑いが起きて、僕の太ももを叩く反省ボケでさらに大きな笑いが生まれました。「二重奏」のスタイルが最高の舞台で最高の形で完成したんです。お客さんの爆発的な笑いがガンガン返ってきて、過去イチ漫才を楽しめました。

最終決戦に残ったナイツとオードリーを抑えて、優勝が決まった瞬間、溢れ出てくる涙を抑え切れませんでした。僕にとって決勝の舞台は「漫才とは何か」「どうすればM－1で勝てるのか」に全力で向き合った「答え合わせ」の場で、そこで最高の花丸をもらったように感じたんです。

なぜ「準決勝」でウケても、「決勝」でウケないのか？

同じ「舞台に立って漫才をする」でも、寄席の舞台とM－1のような賞レースとではかなり違います。寄席では、早い話「より多くの人にウケること」が正義ですが、賞レースでは必ずしもそうではありません。

特に、現在最大の賞レースであるM－1ともなると、万人に通じる「ウケ」よりもっとコアなものを求めるお笑いファンが一定数、見ています。いうなれば「普通のタイ料理よりパクチー増し増しなほうが好き」な人たちですね。

M－1は準決勝を勝ち上がるのが一番難しいんですが、それは、準決勝の会場にコアなお笑いファンが多い環境だからやと思います。

M－1は、万人受けを求められる寄席で爆笑をとってきたような人たちが、むしろ苦戦する世界。特に僕らが挑戦していたころは、その傾向が強かったと思います。

だからといって、準決勝でバコーンとウケたコンビが決勝でもウケるかといったら、そうでもありません。なぜなら、回戦が進むごとに増えてきた「パクチー勢」が決勝では一気に減って、客層がふたたび寄席のそれに近くなるからです。

尖ったことばかりやっていると、準決勝までは勝ち上がれても、決勝で大きくスベる可能性がある。コアなお笑いファンを納得させつつ、ベタな笑いもとれないといけないんです。

僕らは寄席でウケていた口なので、準決勝を勝ち上がるのが大きなハードルでした。

僕らと似た感じで、絶対に決勝に行けると目されながらも一度も行けずに終わってしまった実力派もいます。２０２４年2月に解散したプラス・マイナスなんかは、寄席ではかなりウケていましたが、Ｍ－１では準決勝の壁に5回も跳ね返されました。

一方、ＰＯＩＳＯＮ ＧＩＲＬ ＢＡＮＤなどは準決勝でめちゃめちゃウケていましたけど、３回決勝に進出して3回とも結果はふるいませんでした。これは、お笑いの能力値が高すぎるからなんですよね。コアなお笑いファンにはウケるので、準決勝は突破できるけど、決勝を見ているお客さんは置き去りになりがちなんです。

過去イチ〝ウケなかった〟のに決勝に行けた

Ｍ－１の客層は年によって違います。準決勝までの客層と決勝の客層が、「コアなお笑いファン」と「一般的なお笑い好き」とにハッキリと分かれている年もあれば、それほど分かれていない年もあります。

ここ数年は、それほど準決勝と決勝で客層に差はないように見えます。

ただ傾向として、今までは客層が分かれていたことは事実なので、寄席でウケすぎると不安になると言っている子たちもいます。「まずい、これではコアなお笑いファンが見ている準決で勝ち残れない」という危機感が生まれるんでしょう。

でも、たとえ準決勝でコアなお笑いファンを納得させて勝ち残っても、最終的に決勝でウケなければ頂点には立てません。

決勝に行くには、コアなお笑いファンを納得させなくちゃいけない。でもそれだけでは不十分で、決勝で勝ち切ることを考えれば、絶対に寄席でもウケていなくちゃいけない。変わったことをやって決勝まで上がっても、引き続き変わったことをやって決勝で勝ち切れるかというと、また違う。

そこが、すごく難しいところです。

NON STYLEは、もともとスタンダードな漫才をやっていたところから「イキリ漫才」を確立しました。そして2007年、忘れもしないM-1敗者復活戦で敗退してから、さらにイキリ漫才を脱して新しいスタイルを構築しました。

例の「一度ボケた後、太ももを叩いて戒める」スタイルですが、劇場での反応は

「なんか変わったことやってんな」という感じでした。

僕らにとっては、それは今までになかった前向きの反応でした。以前、僕らが感じていた手応えといえば「ウケること」だけでしたが、それ以外の手応えもあるねんなと、ポジティブに受け止めたんです。

そして臨んだ2008年のM－1準決勝。すべてが奏功して過去イチウケた、だから決勝に行けたんやと豪語したいところですが、そうではありませんでした。

むしろ今までの準決勝の中で、この年が一番ウケなかった。2007年のほうが断然ウケていたと思います。ただ、表面的に爪痕を残すのではなく、深いところまでえぐることができたという感触を得られたのは、やっぱり2008年でした。

「THE MANZAI」がM－1を変えた

M－1は2010年でいったん終了し、2015年に再開しました。

2010年までのM－1は、いうなれば、全出場者がグー・チョキ・パーで勝負する「じゃんけん大会」。どのコンビも、漫才の基本構造にのっとったネタで点数を競っていました。

9年連続で決勝に進出した漫才界のモンスター・笑い飯の漫才も、ボケとツッコミが入れ替わるという形をとっているだけで、「偶然の立ち話」「ボケとツッコミの掛け合い」という漫才の基本構造は守られています。2010年に決勝進出し、独特な間の取り方で驚かれたスリムクラブですら、見せ方が変わっているだけで、漫才の基本構造には忠実でした。

唯一、第2回のM-1では、テツandトモがギターを引っ提げて決勝の舞台に立ちましたが、審査員の（立川）談志師匠は「お前らはここに出てくるやつらじゃないよ」と2人に厳しくも優しい言葉をかけていました。

ところが、5年のブランクを経て再開された2015年以降、かなり様相が変わってきました。

M-1は、グー・チョキ・パーだけでなく、「ガー」とか「チェキ」とか「ペー」とか、今まで見たこともないような手法を見せるコンビが出てきて〝超多様〟な大会になりました。

いったいその間に何があったのか。そこで見過ごせないのが、２０１１〜２０１４年に開催された「ＴＨＥ ＭＡＮＺＡＩ」の影響です。

「ＴＨＥ ＭＡＮＺＡＩ」は優勝者を決めるコンテストでありながらも、かつてのＭ－１のようなヒリヒリした緊張感はない、バラエティショーの側面が強い賞レースでした。これこそ漫才の伝統からの脱却と進化を引き起こした、象徴的な番組やと思います。

それは「ＴＨＥ ＭＡＮＺＡＩ」が、「ウケやすさ」「笑いやすさ」に特化した大会だったからでしょう。

Ｍ－１は競技的な側面が強くて、お客さんも緊張した状態で見ています。素直に「面白いものを見て笑いたい」というよりは、「誰が一番面白いかが決まる瞬間を見届けよう」という意識が強いのかもしれません。

特に２０１０年までのＭ－１は審査員の点数もかなり厳しくて、今映像で見返しても、胃が痛くなりそうなくらいピリピリしているのが伝わってきます。

そこが「ＴＨＥ ＭＡＮＺＡＩ」は大きく違いました。

M－1でひどくスベって苦い思いをした漫才師はたくさんいますが、「THE MANZAI」でそんな思いをした漫才師は、たぶんいません。僕らも2012年と2013年に出場したときは、めちゃくちゃやりやすかった。M－1とはまったく空気が違うと肌で感じたし、実際、ウケました。

それだけ「ウケやすい環境」やったんです。「THE MANZAI」のプロデューサーから実際に聞いた話ですが、これは偶然の産物ではなく、制作側の意図として、そういう「誰もが笑いやすい空間」を作っていたそうです。

M－1は「じゃんけん」大会から「何でもあり」大会へ

そんな「THE MANZAI」がM－1に与えた影響は、さっきもいったように、かなり大きかったと思います。

まず、5年のブランクを経て開催された2015年のM－1は、歴代のチャンピオンが審査員を務めるといった点で、以前よりバラエティ色が強くなっていました。

その後のM－1を見ていても、たとえばネタが終わった後の司会者との絡みでボケる人なんて以前はほとんどいなかったけど、今はみんな1笑い、2笑いくらいはとっています。そんな「平場の面白さ」でも、お客さんを楽しませる大会になっています。M－1は、もちろん今でも競技色は強いし、スべるときは容赦なくスべります。ヒリヒリするところも健在だけど、以前とは打って変わって、バラエティ色もかなり強くなっている。

それが「漫才とは何か」「漫才とはこうあるべし」みたいな感覚からの〝規制緩和〟にもつながって、かつて「じゃんけん大会」だったM－1が、今のような「超多様な大会」になる1つのきっかけになったんやと思います。

ただ、これは、バラエティ色が強かった「THE MANZAI」を経て起こった突然変異的な変化ではなく、ずっと前に萌芽(ほうが)はありました。

漫才に新しい風をもたらした、いわゆる「システム漫才」の生みの親は、僕の中やとブラックマヨネーズやチュートリアルです。もとを辿れば、こうした新しい漫才の発明が、今の漫才の多様化につながっていると思います。

知ってのとおり、2005年はブラックマヨネーズ、2006年はチュートリアルと、立て続けにシステム漫才がチャンピオンになりました。

さらに2007年のチャンピオンは、サンドウィッチマンでした。前にも話したとおり、サンドウィッチマンの漫才は「設定上の役柄」を演じ切るコント漫才です。

こうして3年連続で伝統外の漫才師がM-1チャンピオンになった。M-1がいったん終了する前にも、すでに新しい潮流は生まれていたわけです。

その延長線で、ロングコートダディ、男性ブランコ、真空ジェシカのような「共闘型」漫才や、ランジャタイ、マヂカルラブリーのような、「被害者-加害者」構造は守りながら「見せ方」が奇抜な漫才が登場してきた。

こうして〝超多様〟大会っぷりが加速しているのがM-1の現在やと思います。

たくわえた脂肪を見せる「THE SECOND」

「THE MANZAI」といえば、同じフジテレビで2023年に始まった「TH

E SECOND」にも触れておきます。

「THE SECOND」の出場資格は、「結成16年以上」「全国ネットの漫才賞レース番組で優勝していない」の2つです。「結成15年以内」が条件のM-1に出場できなくなったコンビにセカンドチャンスを、というコンセプトで始まった大会ですが、個人的には「結成20年以上」としたほうが、いい大会になるんちゃうかなと思っています。

「THE SECOND」の醍醐味って、それぞれのコンビが年月を積み重ねて蓄積してきたものを見せるところやと思うんですね。

M-1が鍛え抜かれた筋肉を競うボディビル大会やとしたら、「THE SECOND」は、こてこてに肥大した脂肪肝を見せ合うメタボ大会なんです。自分たちの前に出たコンビをいじるとか、M-1やったらNGとされる技も飛び出します。

だけど出場条件が「結成16年以上」ということは、昨年までM-1に出場していたコンビもエントリーできる。そのコンビは、いってみれば無駄なぜい肉のない状態で、メタボ大会に出ることになるわけです。ムキムキの筋肉と脂肪肝とでは戦い方が違うから、審査するほうとしても点をつけづらい。

そう考えると、結成16年目を迎えたコンビには、まず、いったん賞レースから離れて、ほんまに自由にお笑いをやってもらいたいとも思います。

そこで経験や余裕、ある種の老獪(ろうかい)さといったものを蓄えて、5年経ったころに、また戦える場が用意されているよ、ということにしたほうが、「THE SECOND」は、もっといい戦いが見られる大会になるんやないかと思います。

現に2023年チャンピオンのギャロップは2003年結成、2024年チャンピオンのガクテンソクは2005年結成と、いずれも結成20年前後。やっぱり、賞レースから少し離れて自由なお笑いを数年間やっているコンビのほうが、この大会には合っているんやと思います。

「外側」だったはずのコント漫才がM-1で結果を出している

M-1の「M」は、いうまでもなく「漫才」のMです。その名に違(たが)わず、かつてM-1に挑戦するのは漫才師が中心で、1章で挙げたジャルジャルのように、コント師にとっては厳しい戦いが続いていました。

それが次第に、コントの要素を取り入れた新しいスタイルを試みる漫才師が現れ、さらには漫才の外側にいたはずのコント師が漫才をやり始めて、M－1にもどんどん挑戦するようになってきました。

そうなると、何が一番ぶっ飛んで見えるかというと、間違いなくコント師なんです。漫才の外側に無限大に広がる世界にいた人たちが、そこにあるいろんなものを持ち込んで作る漫才だから、とにかく真新しく見える。それゆえに評価されやすく、「漫才を始めたコント師」たちは、みるみるM－1決勝の常連になりました。

僕ら漫才師は、漫才という枠の中でどれだけ暴れられるかで勝負してきました。漫才師からすると、M－1というのは、漫才という枠組みにギリギリ収めながらも、どれだけ新しさを見せられるかという大会やったんです。

でも今、おそらく多くの漫才師たちが考えているのは、その枠組みから飛び出すことでしょう。結果的に、今のM－1は「漫才の内側から外側にはみ出ようとする漫才師たち」と「漫才の外側から内側へと挑むコント師たち」の異種混合戦になっています。

漫才師自ら漫才の枠を飛び出そうとしていて、M－1でも「よし」とされる範囲がどんどん広がっているので、必然的に、コント師たちに有利な状況になってきていると思います。

ただ、1章でもいったように、今の若い漫才師たちがスキなく会話を積み重ね、漫才師の持つエネルギーをぶつけるネタを展開できれば、コント師に負けないし、チャンピオンだって十分狙える。漫才師も、今が、がんばりどきやなと思います。

全国区になるまでのタイムラグ——関西勢がぶちあたる意外な壁

準決勝、決勝が東京で行われるM－1では、関西の芸人がぶちあたる意外な壁があります。これだけインターネットが普及して、全国で関西の漫才を見られるようになっていても、やっぱり、地域の壁みたいなものは依然として存在します。

前に、関東勢は「手段」を見せる、関西勢は「人間のエネルギー」を見せるという違いがあるといいました。

じゃんけん大会のたとえでいうと、グー・チョキ・パー以外の形をわかりやすく出してくるのが関東勢。それに比べると、関西勢は、グー・チョキ・パーのままで勝負しようとします。あくまでも「面白いことをする人間、変わったことをする人間」で漫才を見せようとしているわけです。

そのため関西圏では100の笑いをとれていても、関東や全国に行くと80くらいしかとれない、というのもよくあります。漫才師自身の面白さを見せようとする関西勢は、自分たちの「人（ニン）」をお客さんにある程度理解してもらわないと一番の笑いがとれないんです。

関西は「お笑いの本拠地」ですが、関西の漫才師が東京などへ飛び出したときに、土地柄の違いという難しさにぶつかることが多いのも事実です。関西での人気を全国区にしていくには、それなりの時間がかかります。

こうした事情は、近年のM－1で関東勢の優勝が続いてきたことにも影響していると思います。手段で見せる関東勢の層がぐんぐん分厚くなり、実力をつけている一方で、人間で見せる関西勢が、実は地域の壁を超え切れていない。そのためにM－1でも苦戦している関西勢の漫才師も多いんやないでしょうか。

関西ではずっと売れていて、「もう関東でも全国でも行ける」と思っていても、いざ行った先のお客さんはあまり乗ってきてくれない。

一例を挙げると、近年、ようやく関西以外でも認知されてきたダイアンです。

僕らと同じ2000年に結成したダイアンは、2008年ごろにはもう仕上がっていて、関西では知らない人はいないくらい売れていました。

ところが関東に来てみると、どうも津田（篤宏）くんのツッコミの面白さが伝わらない。関東でも名が知れるようになったのは、ここ数年のことですから、関西から全国区になるまでに10年くらいのタイムラグがあったということです。

NON STYLEも似たようなものです。今でこそ「イキリ」の意味は全国的に認知されていますが、「イキリ漫才」を始めたころは違いました。そうか、「イキリ」っていうのは関西弁で、関東では通じないんやと初めて気づくも、それを真面目に説明しても仕方ないし……。

「イキリ」以外にも、自分たちが出したい関西弁のニュアンスが、関西の外ではまったく違うように伝わってしまうんやと気づかされることはよくありました。それまではあまり意識していなかった「関西」と「関西以外」の文化的な前提条件の違いに、最初は苦戦したんです。

人間を見せる笑いが関西では通じても、文化的背景を共有していない関西の外では通じづらい。昔と比べれば、だいぶ関西弁も浸透してきているとはいえ、文化の違いはそう容易(たやす)くは乗り越えられません。

そのために、関西から全国区になるまでに10年以上かかることもあるというのは、関西勢の意外な弱点なのかもしれません。

これを「ホームでウケても、アウェイではウケない」と置き換えれば、吉本の劇場で活躍している芸人たちにもいえることです。

神保町の舞台ばかりに立ち、しかもウケていると、どうしてもネタが「神保町でウケるような作り」だけになってしまう。こうして自ら小さな半径に収まってしまうというのも起こりがちです。

現に神保町花月でウケても、ルミネ the よしもとではウケない、ルミネ the よしもとでウケても、NGK（なんばグランド花月）ではウケない、といったケースはたくさん見てきました。

自分たちのホームの舞台に立つときは、そこでウケるネタをやればいいでしょう。でももし、賞レースで勝ちたい、全国に活躍の場を広げたいという野心があるのなら、変わったことをしながらも万人受けもできて、万人受けを狙いながらも変わったことができる、そういう漫才師にならなくちゃいけません。

それがいかに難しいことか。関西の外に出てからしばらく苦戦した僕には、痛いほどよくわかるんです。

トップバッターで22年ぶりに優勝した令和ロマン

2023年のM－1で優勝した令和ロマンには、あらゆる点で驚かされました。

トップバッターで優勝したのは、2001年、第1回M－1の中川家以来、22年ぶりでした。何より、結成6年目で初めて立ったM－1決勝という大舞台で、漫才というおもちゃであれだけ遊び抜いたのが、すごかった。

寄席ならともかく、はっきりと点数をつけられる賞レースでは、通常、ボケの量を調整しながら戦います。

1つウケた。2つウケた。もうツッコミは終わっているけど、もっとボケたい。3つまでは行けるか。4つはやりすぎだから、3つまでやって止めておこう――わずか4分ですが、ギリギリの調節をしながらネタを作っているんです。

でも、2023年のM－1決勝での令和ロマンは、こうした抑制や調整をいっさいしていないように見えました。

賞レースでは、無駄撃ちになるかもしれないボケは入れないほうが得策なのに、そんなことは気にしていないがごとく、くるまくんがダダダーッとしゃべり続けた。それはステージに登場して一発目、「相方の（松井）ケムリくんのヒゲ」について、つかみにしては長すぎるくらい話したところからそうでした。

あまりにも人間っぽいナマ感が強い漫才を見せられてしまったので、その後に続く漫才が作り物っぽく見えてしまったくらいです。

特に2番手、敗者復活戦で勝ち上がったシシガシラは、令和ロマンの直後ということもあって自分たちの空気を作り切れませんでした。彼らのハゲネタは悪くなかった。でも令和ロマンの突き抜け方には追いつけなかった印象です。

3番手のさや香は、いつもながらの激しいぶつかり合いで加熱していく見事な漫才でした。そうなると、さらに後のコンビはやりづらくなる。結果、4番手のカベポスターも、実力を出し切れないエアポケットに落ちてしまいました。

ボケのパンチ力だけを見れば、一番強かったのは、その次の出順だったマユリカやと思います。ただ、マユリカのパンチ力をもってしても、最初の令和ロマンの鮮烈な印象を消し去ることはできなかった。それだけ令和ロマンがすごかったということでしょう。

M－1決勝常連の真空ジェシカは、彼ら本来の漫才を少しわかりやすいほうに寄せていたように感じました。

戦略としては正しかったのかもしれません。でも2023年はヤーレンズという、本当にバカバカしくてわかりやすく、それが最高に笑えるというコンビが先に出ていたことで、少し狙いが外れてしまったんかな。

令和ロマンの勝因は、所作や展開を通じて、大胆さや余裕、いい意味で場を「舐めている」感、漫才を「おもちゃにしている」感、人間を見せている「生っぽさ」が出たことです。ただひょっとしたら、そういうふうに見せたほうが笑ってもらえるだろうという計算に基づいたブラフかもしれませんが。

それにしても、すべての所作がスムーズで、ちょっと生意気そうやのにお客さんを味方につけるのも上手い。とにかく堂々としていて、危なっかしいところがない。結成6年の芸歴で、あの域に達しているのは末恐ろしいとすら思いました。

令和ロマンに授けた「漫才身体論」

2023年のM－1後に、僕のSNSには「令和ロマンのくるまさんに、石田さんっぽさを感じました」という声がいくつか届きました。ただ僕自身は、そこまで似てないんちゃうかなと思っています。

まず、くるまくんのほうが、圧倒的に能力値が高い。いかにも「芸人」という感じの野心もある。何を取っても僕とは全然違います。

あと、くるまくんは、ものすごい勉強家でもあります。以前、僕がお笑いについて語ったり、若手のネタにアドバイスしたりするトークライブをやったんですが、くるまくんは忙しいなか見に来てくれました。それだけではなく、楽屋にまでやってきて、いろいろ質問をしてくれました。そのときは、漫才の「身体論」について話した記憶があります。

それはどういうことかというと、マイクと自分の位置関係についてなどです。

多くの漫才師は、サンパチマイクの高さを自分の口元あたりにくるようにします。当然ですが、ちゃんと自分たちの声をマイクに拾ってもらうためです。また、カメラは真正面から自分たちを捉えているので、絵的にも、そのほうがいい。

だけど、客席は舞台より低いので、お客さんは下から自分たちを見上げる形になります。すると口元の前あたりにあるマイクが邪魔になって、お客さんからは自分たちの顔が見えづらくなってしまう。

漫才では、漫才師の表情や身体の動き、手の動きなども、すごく重要な笑いの要素です。お客さんから見たときに、それらが見えづらいというのは、笑いが起こるチャンスを損なうことにつながります。だからマイクは、多少声を拾いづらくなるとしても、少し低めにするという方法もあります。

それから、ちゃんとすべての声を拾ってもらうために、僕は音声さんに「このコンビは動き回るぞ」と思ってもらうのも意識していますね。

サンパチマイクとピンマイク・ガンマイクを併用しているとき、音声さんは適時、マイクを切り替えています。たとえば、漫才師がサンパチマイクから大きく離れたときは、ピンマイクやガンマイクに切り替えて、音を拾えるようにしているんです。

サンパチマイクの前からあまり動かない漫才師の場合は、基本的にサンパチマイクを生かしておけばいい。でも、「いつ何時、どう動くかわからない」という漫才師の場合はずっと動きを追いかけてマメに切り替えなくちゃいけない。

「こいつは激しく動くぞ」と音声さんに思ってもらうことも、意外と漫才の出来を左右するもんやと思います。

マイクの話をずっとしてきましたが、「生の声」を聞かせたほうが効果的な場面もあります。ひとことでいえば「本心を語っている場面」は、「作られた感」を出さないために生の声のほうがいい。たとえば怒っているときは、マイクの前でワーワーやらずに、生の声を聞かせる。

2023年のM-1では、くるまくんが、マイクから離れて座り込んでお客さんに直に話しかける場面がありました。これなんかは、完全に生の声を聞かせることの効果を理解したうえでやってるなと思いました。

頭では理解できても、実際にやるとなると難しいものです。くるまくんは僕が話したことを理解してくれたうえで自分の考えも入れて、効果的に漫才に反映させている。やっぱりすごいなと思います。

また、2023年のM-1前のいつだったか、くるまくんから相談を受けました。「試しにツッコミのケムリに変なことをさせたら、劇場でウケた。だから今度のM-1はその感じで行こうと思う」というようなことを言われたので、僕は反対したんです。

彼らのホーム劇場である神保町よしもと漫才劇場やったら、たしかに、そういうことをしてもウケるでしょう。でも、なまじホームという小さな島で「ウケてしまった」ことで自信をつけ、その形をM－1に持っていくのはよくないんやないかと感じました。先ほどいった「神保町だけでウケる」という落とし穴にハマってしまうかもしれないと思ったんです。

M－1で決勝に行き、ひいては優勝まで狙うのなら、絶対に、くるまくんが面白いほうがいい。令和ロマンはボケで笑いをとるほうが向いているから、元の形に戻したほうがいいと伝えました。

そして蓋を明けてみれば、令和ロマンはストレートで決勝に進出し、ファイナルラウンド3組に残り、さらには優勝してしまった。1本目でも2本目でも、くるまくんがボケ倒して爆笑をとっていたのを見て、本当によかったなと思いました。

「現場主義」でよかった2023年敗者復活

2023年のM－1で、僕は、敗者復活戦の審査員をやらせてもらいました。

「決勝の審査員は？」と聞かれることもありますが、今のところオファーはないし、自分でもやりたいとは思いません（2015年に一度審査員をしましたが、これは、歴代のチャンピオンが審査員を務めるという例外的な回だったからです）。

やりたくない理由は単純です。出場者が「この人に審査してもらいたい」と思う歴代チャンピオンのなかで、僕はかなり下のほうに位置するだろうという自覚があるから。多くの芸人はブラックマヨネーズとかフットボールアワーに審査してほしいはずです。

そういうわけで決勝の審査員を務める意欲はないのですが、実は準決勝の審査員なら、ぜひやってみたいと思っています。

2023年の敗者復活戦は、いくつかの点で、それ以前とは違っていました。まず、審査の仕組みが以前と比べて「現場主義」になったと感じられたのは、すごくよかったと思います。

漫才を映像で見るのと、現場で見るのとでは、感じ方が違って当然です。映像には、何かしら「撮っている側の作為」が入り込みます。たとえば、目の前で漫才を見ているとき、審査員の顔色をうかがう人なんてほとんどいないと思いますが、映像では、漫才中に審査員の顔がインサートされます。

また、カメラがコンビのどちらかの顔を大写しにしたら、見ている人たちは、その顔をずっと見ることになる。本当は、どのタイミングにどちらの顔を見るかは、見ている側に委ねられているほうがいいと思います。

すると、当然のことながら、映像だから面白く見える場合も出てくるし、映像だから面白く見えない場合も出てきます。いずれにせよ、視聴者投票みたいな審査方法だと、どうしても現場のリアルな空気感とはズレが生じがちなんです。

その点、2023年の敗者復活戦は、現場で見ている審査員とお客さんだけで、面白かったコンビを選ぶという審査方法でした。

審査員はアンタッチャブルの柴田さん、マヂカルラブリーの野田（クリスタル）くん、かまいたちの山内（健司）くん、錦鯉の渡辺（隆）さん、僕の5名。

M－1の歴代チャンピオンに加えて、誰もが疑わない実力派で、しっかり全国区で売れている山内くんですから、文句なしの顔ぶれでしょう。僕自身、いいメンバーやなと思いながら審査させてもらいました。

審査方法だけではなくて、会場も変わりました。2022年までは屋外の寒空の下、やる側も見る側も12月末の寒さに耐えながらの敗者復活戦でしたが、今回は、暖房の効いた室内でした。

おかげで寒さというハードルはなかったんですが、漫才がやりやすい環境だったかというと、もう少し改善できそうなポイントもありました。

いい会場は、客席の笑い声が壁に反射して中心に集まるような感じで、演者に確実にフィードバックされます。演者としては客席の手応えがビシバシ感じられるので、次の展開のタイミングをつかんで波に乗っていきやすいんです。

ところが、2023年の敗者復活戦の会場は、劇場ではなく、広い空間に舞台と客席が設けられていたので、笑い声が通路などに抜けて行ってしまう感じがありました。だから、「あれ、いつもよりウケてない?」という感覚になり、焦りが生じた子たちもいたやろなと思います。

「連続出場は不利」を跳ね返した笑い飯

確実に笑いをとるには「新鮮味」も重要だと考えると、毎年のようにM－1決勝に出ているような常連のコンビは、やはり不利になります。

たとえば、初めて牛丼を食べたときの「こんなにうまいもんがあるんや！」という感動は、何度も食べているうちに薄れていきます。

これと同じで、漫才でも、M－1に連続出場しているコンビは、見ている側が感じる新鮮味が減り、「またこのコンビか」という慣れによって笑いのハードルも高くなりがちです。

結果として、どんどん笑いをとりづらくなって優勝が遠のく。それを跳ね返したのは言わずもがな、9年連続で決勝進出した末に優勝した笑い飯でした。

M－1は厳しい大会ですが、最初の数回くらいは、今までの自分たちの経験値で戦えます。でも回を重ねるごとに、それは通用しなくなっていきます。そうなると「自分たちの経験値での戦い」が「自分たちの経験値との戦い」に変化する。毎回、「前回の自分たち」を超えなくちゃいけません。

そこが笑い飯は優れていたからこそ、9年連続で決勝進出できて、その末にチャンピオンになることもできたんでしょう。

考えてみれば、流行というものは、せいぜい3年続けばいいほうです。どんなに流行ったファッションも、3年後にはダサい人にまで浸透して勢いを失っていく。

お笑いにも似たところがあります。賞レースで最後まで勝ち切れるチャンスは、勢いも新鮮味もある初回だけ、よくて数回のつもりでいたほうがいい。回数を重ねるごとに、飽きられるリスクがあることもわかっておかなくちゃいけません。

そんななか、9年連続で決勝進出した笑い飯は、いってみれば9年間も時代を逃さず、飽きられなかったということ。それだけ長いこと最先端を走り続けた笑い飯は、やっぱり化け物やと思います。

Ｍ－１で「準優勝」が売れるのは……

Ｍ－１を含め、賞レースで準優勝したコンビのほうが、優勝したコンビよりも売れるといわれます。特に僕たちが優勝した２００８年のＭ－１では準優勝のオードリーが爆発的に売れたので、当時は芸人仲間にもよくいじられました。

でも、これは、おそらく結果論。結局は「テレビ番組の台本の書きやすさ」によるところが大きいと思います。

台本を書きやすいかどうかは、その人のキャラによります。

たとえば、２０１０年のＭ－１チャンピオンの笑い飯にテレビ関係者が面白い台本を書けるか。笑い飯はキャラの強さで優勝したわけではないから、この人たちに台本を書くのは、そうとう難しいんです。スべらせるわけにもいきません。

一方、優勝者でもキャラが濃ければ、それを生かし、「台本を書きやすい→テレビ露出が増える→売れる」という順序を辿（たど）ることはあります。

２０２１年チャンピオンの錦鯉など、まさにそうでした。（長谷川）雅紀さんのキャラを生かして、台本でスベらせることもできます。２０１５年チャンピオンのトレンディエンジェルも同様ですね。

また、Ｍ－１チャンピオンではないけど、メイプル超合金のカズレーザーは、金髪に真っ赤なシャツ、その見た目の異質さだけでも売れる要素満載です。２０１５年の決勝で見た瞬間、売れるやろなと思いました。

ＮＯＮ ＳＴＹＬＥだって、井上の「イキリキャラ」は台本にしやすいはずです。もし井上がかっこつける「イキリ漫才」で優勝していたら、もっとテレビ露出は多かっただろうし、もっとガンガン売れていたかもしれません。

実際、ＮＯＮ ＳＴＹＬＥのボケは僕ですが、テレビではいまだに井上にボケっぽい「ナルシスト」的な役回りが当てられることがあります。やはり井上のほうがキャラとしていじりやすいからでしょう。

結局のところ、賞レースの後に売れるかどうかは、「そのコンビが勝ったか、負けたか」とはあまり関係なく、「そのコンビがテレビに出やすい性質を持っているかどうか」による。

その性質を持っているのが、たまたま準優勝者に多い傾向があるから「準優勝者のほうが売れる」というのが通説になっているだけでしょう。それくらいシンプルな話やと思います。

賞レースで「ネタ選び」を間違えるワケ

賞レースでは「ネタ選び」がとにかく重要です。2023年のM－1では、優勝最有力候補ともいわれていたさや香の「2本目」が見ていた人をざわつかせました。

1本目では、淡々と話す石井くんに新山くんがぶつかって、どんどん加熱していくという、さや香らしいネタでトップに立ちました。

ところが優勝をかけた2本目は、ガラリとスタイルが異なる「見せ算」というネタをやった。結果、ファイナルステージでは1票も入らず3位に終わりました。

これが物議を醸し、あちこちから「もう1本、さや香らしいネタをやっていれば優勝できたかもしれないのに……」という声も出ていました。

僕自身は、寄席で一緒になったときに新山くんから「決勝でやりたいネタがあるんです。それで優勝できなくても後悔はありません」と事前に聞いていました。なんのネタやろうと思っていたら、NGKでよく「見せ算」をやっていたので、これをM－1でやりたいんかと予想がついていました。1本目でトップに躍り出て、ビビらずに「見せ算」をやったのは素敵やなと素直に思いました。

もちろん、負けるつもりはなかったでしょう。NGKでも、一般ウケするように微調整を加えたものをやっていたので、「これくらいの調整で、これくらいNGKでウケるんやったら、M－1決勝でも大丈夫やろ」という算段はあったはずです。

さや香が「見せ算」をやるまでは、「2本目で失敗したコンビ」といえば笑い飯でした。笑い飯は2009年のM－1で1本目に「鳥人（とりじん）」というネタを披露しました。頭は鳥、首から下は人間の謎の生物「鳥人」を、交互に演じていくというネタだったんですが、笑い飯の2人にしかできない独特の世界観が爆笑を生み、（島田）紳助さんは史上初の100点をつけました。

誰もが優勝は笑い飯やろうと思っていましたが、彼らが2本目で選んだネタは「チンポジ」でした。まさかの下ネタに会場はさーっと引いてしまい、最終投票では1票も入りませんでした。

僕はこのとき、敗者復活を勝ち上がり、同じ決勝の舞台に立っていましたが、あまりにいさぎよく、かっこいい負け方に「笑い飯には一生追いつかれへんな」と思ったほどでした。

このように、時に大きなドラマを生むネタ選びですが、いざ決勝に進出したときに、1本目と2本目でどのネタをやるのかは、正直かなり悩みます。爆笑を狙えるネタが2本もあればいいんですけど、1年に2本も、そのレベルにまで仕上げるのは難しい。となると、一番強いネタを1本目にするか、それとも2本目にとっておくか。

まず最終決戦の3組に残らなくちゃいけないことを考えると、やっぱり、決勝の1本目に一番強いネタをやるのがセオリーでしょう。

そこで爆発できれば、2本目のクオリティが少し落ちても、1本目の勢いがゲタを履かせてくれます。「決勝の2本目は跳ね切らないことが多い」とよく言われるのは、みな、優勝をかけた極限状態で、1本目に一番強いネタを持ってくるからなんです。

また、1本目と2本目とでスタイルを変えるかどうかも、大きなテーマです。

僕らのころは、同じスタイルで続ける「2階建て」が常とう手段でした。2008年のM-1でも、NON STYLEは「太ももを叩いて自分を戒める」というスタイルの2階建てにしました。

ただ、今は本当にいろいろな漫才のスタイルがあって、お客さんにも「次はどんな新しいことを見せてくれるのか」という期待があります。つまり、どんどん自分の「新しさ」を更新していく必要があるわけです。

しかも、辛抱強くテレビを見なくてもいいサブスク全盛時代の特徴として、お客さんの「飽きる速度」も早くなっている。そうなると、正直、2階建てが得策かどうかわかりません。

2023年の決勝でも、令和ロマンは2階建てではなかったけど、ヤーレンズは2階建てでした。一概にどちらがいいとはいえない。ますますチョイスが難しくなっているとしかいえません。

もし、2023年のM-1決勝にNON STYLEが出ていたら、どうしたでしょうね。1本目で最終3組に残ることができたら、2本目ではガラリとスタイルを変えるかもしれません。

でも僕は自分のボケの弱さをわかっているので、やっぱり2階建てにして畳み掛けるかな。あるいは今現在のネタの作り方で行くなら、2階建てなんてことすら考えずに、システムなんかない、ひたすらくだらないネタ2本で行くかもしれません。

3章

「お笑いの得点化」という無理難題に挑む

【採点論】

「5つの採点基準」で「各20点ずつ」つける

漫才を含め、お笑いとは本来、「面白ければ笑う」、それだけのものです。得点をつけること自体、無理があるのかもしれませんが、M－1のような賞レースがあり、その審査員を任されることもある以上、プロとしてどう点数をつけるのかは考えなくちゃいけません。


まず、「お笑い」であるからには「面白さ」は欠かせません。

でも、そもそも「面白さ」とは何なんでしょう。「ウケ方」と完全にイコールではありません。「ただ笑えればいい」ということではない。僕は、お笑いの審査基準としての「面白さ」というものを、けっこう厳密に捉えてるんです。

「面白さ」とは、いってみれば、一部の人にしか出せない（捉えられない）音域の音のようなものです。音域になぞらえて「笑域（しょうき）」とでもいいましょうか。

プロの歌手は、誰もが出せる音域の音も、一般の人がとうてい出せないくらいの音域の音も出すことができます。お笑いにも似たようなところがあります。

おそらく一般の方には捉えられない、僕ら笑いのプロだからこそ捉えられる「笑域」みたいなものがある。2章で紹介したPOISON GIRL BANDなどは、笑域の高いネタをするコンビの代表格やと思います。

一般の方にはわかりづらいところですが、いや、一般の方にはわかりづらいところやからこそ、プロがプロを審査するうえで、笑域の高いところも含めた「面白さ」はシビアに採点する必要があると思うんです。

これに加えて、「真新しさ」「技術」「M－1らしさ」「笑いの量」の総合力を競う大会、それがM－1であると僕は考えています。毎年、僕は、この5つの基準を20点ずつに振り分けて、自分の中で評価しています。

「真新しさ」は、どれだけ「こんな漫才、見たことない」と思わせるか。これには「設定」の新しさ、「見せ方（ボケとツッコミ）」の新しさ、「システム」の新しさの3つの方向性があります。

設定の新しさというのは、たとえば笑い飯の「鳥人」です。「鳥が好きな子どもには、頭が鳥で首から下は人間、しかもタキシードを着た〝鳥人〟が見えたらいいな」という哲夫さんの振りから、例の笑い飯のボケ合戦が始まるという、今までに誰も見たことがない設定でした。

逆に、たとえば「デート」「温泉旅館」「バイト」などは、設定としてはベタです。だからといって「真新しさ」の点で評価しないかといったら違う。こんな誰もがやったことがある設定の中で、今まで見たこともないようなエッジの利いたボケのラインを出せたら、それは「真新しい」ということになります。

この点で成功している代表格はマユリカ。ここ数年、あの2人はほぼ「デート」しかしていません。今まで、あらゆるデートネタを見てきましたけど、マユリカの「デート」ネタは、ベタな展開もありつつ、見たことがないボケが多い。そういうところで「真新しさ」を見せてくれる漫才師やなと思います。

そしてシステムによる「真新しさ」でいうと、最近、出てきているのは「持論系」ですね。先に「俺は○○についてこう思ってる」と自分の持論を述べてからネタが始まるタイプです。

ただ、システムによる「真新しさ」は、そもそも「システム漫才」自体がめずらしいから成立しているところもあります。今、若手の漫才師を中心にシステム漫才をやっている人たちは多いので、やがて、システム漫才が主流になっていく可能性もあります。そうすると今度は旧来のパワータイプがめずらしくなってきて、そのほうが「真新しい」ということになってくるでしょう。

「技術」とは、漫才としての「上手さ」です。ボケからボケへのつなぎや、ツッコミの能力などですが、僕が一番見ているのは「感情のコントロール」なんです。

たとえば「漫才は後半に行くほど盛り上がっていくものだ」という思い込みがあると、後半に説明的なツッコミがあっても感情的に言うことになります。

でも、感情的にするならツッコミは「苛立（いらだ）ち」や「怒り」から発せられるのが自然です。何かを説明するとき、普通、人は冷静ですよね。だから説明的なツッコミなら、ネタの後半だろうと声のトーンは落とすべきです。感情は上がっているのに、めちゃくちゃ的確に突っ込むなんておかしい。

この違和感がウケの悪さにつながって、「ネタは悪くないのに、なんか下手だな」

という印象になってしまうんです。

このように、ネタの中での感情コントロールができているかどうかが僕の考える「技術」の大きな基準なのですが、最近、少し迷い始めています。

というのも、以前は出場資格が「結成10年以内」だったものが、現在は「結成15年以内」になっていることで、あまり技術的な差が出なくなってきているからです。

技術は、「漫才にできているか、できていないか」を判断する最低判断基準です。先ほど述べた「感情のコントロール」など、漫才師として漫才を見せるからには、最低限、すべきことができているかどうか。

でも、結成から10年も超えてくると、みんな、ちゃんと上手いんですよね。特に決勝戦進出組は、もう当たり前のように技術があります。

だからM－1を見るときは、そろそろ「技術」というカテゴリー自体を省いたほうがええんかなとも思いつつ、「漫才の技術が高いコンビ」はしっかり評価したいという考えもある。

ただ、仮に最低限の技術はみんな普通にあるとして、もっとハイレベルなところで点差をつけていくとしたら、20点満点よりどれくらい劣るかという減点方式になってしまいます。僕は、あくまでも「この組はここがいい、ここがいい」という加点方式で評価したいから、「技術」だけ減点方式になるのは避けたい。悩みどころです。

次の「M－1らしさ」は、僕はこんなふうに考えています。

2章でいったように、M－1でウケるネタが劇場でもウケるとは限らないし、劇場でウケるネタでM－1で勝負できるとも限りません。劇場とM－1はまったく種類の違う戦場です。

劇場では、とにかく一般の方の笑いをとれれば正解。でもM－1では芸人に認められないと勝てません。第一線にいる芸人たち、面白い芸人たちに、いかに認めてもらうかという、めちゃくちゃシビアな大会がM－1なんです。

じゃあ「M－1らしさ」とは何かといったら、僕は「真新しさ」と「面白さ」がうまい具合にねじれたときに出てくるものと捉えています。

「なんか変わったことやってんなー」「作戦として新しいシステムを持ってきたんやなー」（真新しさ）だけではダメ。

「プロから見てもめちゃくちゃおもろいなー」（面白さ）だけでもダメ。

この2点をもって、芸人たちに「やられたー!」「くそー、持ってかれたー!」という、ある種の悔しさや意外性、「ゼロイチで新しいものを発明されてしまった」感を抱かせるものが「M－1らしさ」です。

そして最後、「笑いの量」とは、会場でどれだけウケているかということ。

M－1は一般のお客さんも見ているので、やっぱり客席の「ウケ方」も重要です。いくら「面白さ」はポイントが高くても、お客さんを置き去りにして、プロにしかわからないめっちゃ高い笑域のボケとツッコミを繰り返す状況はよくありません。だから、面白さに全振りのコンビがたしかな技術も身につけて、客席でもちゃんとウケるようになったら、M－1でも確実に点数を取れるようになると思います。

それでいうと、2020年チャンピオンのマヂカルラブリーは、「真新しさ」に「技術」も伴っていて、あのめちゃめちゃな光景が不思議と目に浮かぶ感じを出せたから、優勝できた。強いて分析すると、こういうことやないかなと思います。

「会場でめちゃくちゃウケていた」というのは、僕の中では「誰が見ても面白い」ということの最終的な証しです。やはり外せない基準ですが、ここも安易には考えられません。

昔は「拍手ウケ＝自然と湧き上がる最大の賛辞」でした。でも、最近は芸人がみんな利口になってきていて、「拍手ウケ」が起こりやすい展開や手法を取り入れている漫才がけっこうあります。

意外かもしれませんが、「拍手ウケを起こす技術」って、別に高度でもなんでもないんです。

たとえば、ただただ長く速くしゃべり続けてから、ちょっと溜める、というような「緊張と緩和」を入れる。あるいは「ボケるときは、必ずこの動きをする」と決めておく。こんなふうに「笑いが起こるべくして起こるように」展開を操作することで、ある程度、狙い通りに拍手ウケは作ることができてしまいます。

このように、「本当に面白いから自然と湧き上がった拍手」ではない場合があるとなると、拍手ウケがいいものとは一概にはいえません。

その一方、よくわからん波に乗ってしまうと、もう何をやってもワーッと拍手されるみたいな状況になることがあります。

拍手ウケは拍手ウケでも、狙って作っている拍手ウケではなく、ゾーンに入ってしまったときの拍手ウケ。客席で自然とこみ上げる笑いが爆発し、笑うだけでは飽き足らなくて自然と拍手も起こってしまう、という感じです。

ここは審査員がきちんと見極めなくてはいけないところでしょうね。やる側の作為がある拍手ウケなのか、本当に面白くて自然と湧き上がっている拍手ウケなのか。後者の場合は、「最後の加点分」として、ちゃんと点を上乗せしてあげたらいいと思います。

「面白さ」「真新しさ」「技術」「M-1らしさ」「笑いの量」の5カテゴリーの合計が高くなると、ブラックマヨネーズ（2005年優勝）やチュートリアル（2006年優勝）みたいな「総合力による勝ち方」になります。

ただ、傾向として、「面白さ」が高ければ高いほど、「技術」は劣りがちです。イケメンはおしゃれしなくてもかっこいいみたいな感じで、「自分たちの面白さ」をそのまま出せばいいので、「技術」が不足しがちになる。

本当は「技術」を磨いて笑いをとるほうが簡単なはずです。だけど「技術」をつけずに笑いをとったほうが、面白さそのものは勝るのも事実。面白さに全振りのコンビ、たとえばトム・ブラウンやランジャタイを見ていると、そう思います。彼らのようなコンビを「技術」という観点で見る人は稀でしょう。

それでも、近年の彼らは、技術も着実に身につけてきているように見えます。

ぶっとんだ設定を見せるのは相変わらずですが、そのぶっとんだ設定の光景が、不思議と見ている側も想像できるようになってきている。「技術をもって想像させる」ということができるようになっているなと思います。

2023年敗者復活審査で考えていたこと

僕が審査員を務めた2023年の敗者復活戦は、おおよそ次のような要領でした。

準決勝敗退組を3ブロックに分け、まず、各ブロック内で2組ずつ対決させ、現場のお客さんが面白かったほうに投票する勝ち残り方式でトップを決める。そして最後、各ブロックのトップになった3組のうち、敗者復活にふさわしいと思う1組に5人の審査員が無記名で投票し、多数決で決勝進出者を決める。

各ブロックのトップ決めは観客投票でしたが、僕は、先に挙げた基準に従い、手元で全組を採点していました。最後は、手元の採点が一番高かった組に入れただけです(誰に入れたかはナイショです)。

最終審査の多数決の結果、シシガシラが敗者復活戦を制しました。

シシガシラのネタでは、ハゲキャラの脇田くんに「ハゲが歌うとハゲを彷彿させる歌」を歌わせ、本人が気づいていないところで、浜中(英昌)くんがお客さんに目配せしながら一緒に笑う、という構図でした。

お笑いで「ハゲネタ」はめずらしくありません。でも「ハゲ」を言葉で直接的にいじらないという点で、シシガシラには「真新しさ」があったと思います。

前にもいったように、「会場のウケ方」も見過ごせません。一番ウケていたというのは、その日、もっとも会場を支配できていたということであり、やっぱり、そういうコンビが強いんです。

その点でも、シシガシラが他より上回っていました。しかも今回は、現場のお客さんが1対1の対決を見て投票するという現場主義だったことで、なおさら、会場のウケ方がダイレクトに結果に影響したといっていいでしょう。

これがもし視聴者投票だったら、華があり、お客さんをきちんと笑わせることができて、なおかつプロの芸人にも印象を残せるナイチンゲールダンスが行っていた可能性もあります。

2023年の決勝に目を転じると、令和ロマン、さや香、ヤーレンズは「技術」が高い一方、真空ジェシカ、カベポスターのよさは「技術」よりも「面白さ」に特化されている感じがしました。

マユリカは「M－1決勝初進出の若手」という意味で、2023年は「真新しさ」があった。さらに、ボケとツッコミにしっかりパンチ力があったので、たしかな「技術」と「面白さ」も僕の中では高評価でした。ただ、「M－1らしさ」はあまりなかったかな。

モグライダーの特徴も「面白さ」ですが、「さそり座の女」で歌ネタを初披露した一昨年は「真新しさ」もありました。2023年は「空に太陽がある限り」の歌ネタで、作りも一昨年と似通っていたので「真新しさ」はややマイナスです。

モグライダーに限った話ではありません。そうそうまったく違うタイプのネタはできないので、どうしても、回を重ねるごとに「真新しさ」はマイナスになっていく。

これはM－1に挑戦し続けるすべての漫才師に立ちはだかる壁です。

傾向として、「真新しさ」と「技術」は反比例しています。

最初の1、2年は「真新しさ」全開でも、何度も挑戦するうちに、そこはどうしてもマイナスになっていく。一方、技術は劇場で場数を踏み、M－1での実戦経験も積むなかで、着実に上がっていく場合が多いですね。

2015年決勝審査で考えていたこと

前でいったように、僕は2015年に一度だけ、M－1決勝で審査員をさせてもらいました。

そのときの審査の考え方も、今と同じ。「面白さ」「真新しさ」「技術」「M－1らしさ」「笑いの量」の5つ、各20点で審査しました。

よくいわれるように、トップバッターの点数は、その後のコンビを審査する際の基

M-1グランプリ2015決勝結果

出番順		中川家 礼二	ますだおかだ 増田	フットボールアワー 岩尾	ブラックマヨネーズ 吉田	チュートリアル 徳井	サンドウィッチマン 富澤	NON STYLE 石田	パンクブーブー 佐藤	笑い飯 哲夫	総合得点	順位※
1	メイプル超合金	87	85	89	85	91	92	**89**	89	89	796	7位
2	馬鹿よ貴方は	88	85	90	83	89	93	**83**	90	90	791	8位
3	スーパーマラドーナ	92	87	93	90	89	91	**88**	93	90	813	5位
4	和牛	90	92	92	86	90	90	**88**	90	88	806	6位
5	ジャルジャル	89	89	96	90	96	94	**94**	93	93	834	3位
6	銀シャリ	91	91	92	89	95	92	**87**	89	92	818	2位
7	ハライチ	92	89	85	83	89	89	**86**	88	87	788	9位
8	タイムマシーン3号	93	90	90	89	88	93	**94**	91	88	816	4位
9	トレンディエンジェル	94	93	89	93	88	93	**92**	92	91	825	優勝

※上位３組の順位は最終決戦の投票結果に基づく

準点になります。

面白かったからといって、ここで95点などをつけてしまうと、その後の組が万が一、全部トップバッターより面白かった場合に困ります。１点ずつ刻んだとして、一番面白いコンビが１０３点になってしまいます。

優勝者を決める以上、すべてのコンビに点差をつけるべきやと僕は考えています。それはたとえ、見かけの点数が同じであったとしてもです。

たとえば同じ「90点」でも、審査員自身の中では、わずかな差があるものです。「90・2点」とか「90・4点」とか。でも当然ながら、得点に小数点以下は表示されません。

理想は1点ずつ刻んで、9組の最高評価と最低評価が8点差になることです。そうならないとしても、「こっちは90・2点、あっちは90・4点」と、自分の中で得点差をつけておくべきやと思います。実際、2015年の採点で僕はジャルジャルとタイムマシーン3号（94点）、スーパーマラドーナと和牛（88点）に同じ点をつけましたが、自分の中では、どちらが上かを決めていました。

2015年の決勝のトップバッターはメイプル超合金でした。会場でけっこうウケていたし、実際、面白かった。僕がつけた点数は89点でした。

この後の8組すべてがメイプル超合金より面白かったとしても、1点ずつ差をつけると最高97点になります。満点なんてそうそうつけるものではないので、最高を97点くらいにするイメージでした。

だから、メイプル超合金の89点は、僕としては、トップバッターにつけられるマックスに近い点数でした。現に5番手のジャルジャルまでは88点以下をつけたので、メイプル超合金は、僕の中ではかなり上位やったということです。

あといくつか印象的だったコンビを挙げると、銀シャリは87点。鰻の面白さを出すようになってから銀シャリは化けたと思いますが、まだ当時は、「橋本が面白いコンビ」でした。

ジャルジャルとタイムマシーン3号には、同じ94点の高得点。ただ、点数は同じでも、審査の内訳は違いました。

ジャルジャルは「真新しさ」と「面白さ」で94点。「技術」「M－1らしさ」は少し不足しているかなという評価でした。

一方、タイムマシーン3号は「技術」と「面白さ」で94点。ジャルジャルとは違って「真新しさ」は少ない。「M－1らしさ」もあまりない。だけど「技術」が高く、会場では大きくウケていて、彼ら自身も「ウケること」に特化して正々堂々と勝負していたことに好感を持ちました。

そして2015年のチャンピオンとなったトレンディエンジェル。

彼らは敗者復活戦で選ばれてファーストラウンドで勝ち残り、そのままの勢いで優勝をつかみました。

トレンディエンジェルはとにかく会場で一番ウケていました。ボケの斎藤（司）に対して、「何、言うてんねん、こいつは」みたいな、よくわからん波が起こっていて、「ノッた瞬間」が見えた感じすらしました。

1本目でも2本目でも、あれだけお客さんを味方につけられてしまったら、審査員も無視できません。それが優勝につながったんやと思います。

なぜM－1で「歌ネタ」は評価されにくいのか？

漫才のネタに優劣はない。これは当然ですが、ことM－1という大会に限っていえば、たしかに評価されにくいネタはあります。

その筆頭は「歌ネタ」です。

理由はシンプルで、歌ネタは笑いのポイントを作りやすいからです。

誰もが知っている歌を取り上げて、それをちょっと変えたり、いじったりする。お客さんは元ネタを知っているわけだから、「ちょっとおかしいポイント」、つまり「どこで笑えばいいのか」がわかりやすい。

こんなふうに笑いのとり方がわかりやすいので、たとえ会場ではウケても、「今、一番、面白い漫才師」を決める大会で歌ネタに高得点をつけるのは、笑いのプロとして躊躇（ちゅうちょ）するところでしょう。

漫才がどんどん多様化するなかで、こういう見方も、今後は変わっていくかもしれません。ただ現状では、「M－1らしさ」の点で、あまり評価が高くないということやと思います。

もちろんこれはM－1という評価基準の中の話であって、歌ネタそのものを否定するわけではありません。笑いどころがわかりやすい歌ネタは幅広い客層の人が楽しめるので、寄席では重宝されます。僕らも数は少ないですが、歌ネタはいくつか持っています。

誰もが元ネタを知っているものを使うという意味では「おとぎ話ネタ」も同じです。どちらも、そうとう変わったことをしないと、「（笑域が高い）面白さ」にはつながりません。

何事もそうですが、同業者に脅威を感じさせるくらいのものでないと、なかなか評価されないということです。

ちょっと意地悪な見方ですが、歌ネタもおとぎ話ネタも、漫才師にとっては「やられた！」感が少ないんです。だから、「あのネタおもろいなー」と気楽に褒めることができます。そのあたりが、賞レースの舞台では歌ネタやおとぎ話ネタが評価がされにくい理由かもしれません。

「やりやすいネタ」だと得点はつきにくい

何か1つ「得意な型」があって、しかもそれが劇場でウケていたりすると、つい、そればっかりやりたくなる。M－1でも、それで勝負したくなる。

大きな大会だからこそ、安心して「やりやすいネタ」を持っていきたいのはよくわかります。でもそれだと、やっぱり高い点数はつけられにくいんです。

わかりやすいところでいうと、男女コンビは男女コンビならではの型、双子コンビは双子ならではの型をとりがちですが、そっちに全振りすると「意外性」は減少します。つまり「お客さんの意表をついて笑わせる」量が減る。

1つのスタイルを確立している場合も同様です。

一例を挙げるとネイビーズアフロ。僕は2人の漫才が大好きですし、寄席でもウケていますが、M－1では今ひとつ結果が出ていません。

彼らは、すでに確立したスタイルばかりやってしまうという落とし穴にハマっているんやないかと思っています。ボケのみながわくんがイライラさせるようなシビアな考え方をする。もともとは、それが真新しくて面白かったんですけど、そういうネタばかり作っている印象があります。個人的には、もう少し違う角度のネタを作って、そのなかに突然彼らのスタイルを織り交ぜるほうが、笑いの打点が上がるんやないかなと思っています。ネイビーズアフロが本当に面白いことができるコンビなのはたしかです。だからこそ思い切って全然違う形に挑戦したらいいのになと思います。

いくら好きなカレー屋さんでも、さすがに毎日は通いませんよね。

毎日、食べに来てもらえるようにするには、「とびきりうまいカレーもある定食屋さん」にならなくちゃいけない。ネイビーズアフロは、とびきりうまいカレーを作れるんやけど、それ一本だけで勝負しようとしているようなものなんです。

すでに確立された型が1つあるわけだから、もう少しバラエティ豊かにして「いろいろなメニューがあるけど、いつでも、とびきりおいしいカレーを出せます」っていう定食屋さんになれたら一気に跳ねるんやないかと思います。

2章でもいったように、NON STYLEもそれまで自分たちの「型」だった「イキリ漫才」を封印することで、M－1で優勝できました。さらに、そこで披露した「太ももを叩く」という新しい型も、M－1後にはほぼやっていません。

長く漫才をやっていくには、1つの型に固執しすぎず、「新たなチャレンジ」をしていかなくてはいけない。そう思っているからです。

「見逃してもいいボケ」で4分間を駆け抜けたヤーレンズ

シビアな時間制限がある賞レースでは、「短い時間でどれだけボケ数を入れられるか」が大切だといわれます。最近、ぐいぐい認知度が上がっているコンビで、ボケの量が際立っているのは、２０２３年のＭ－１で準優勝したヤーレンズでしょう。

ヤーレンズは本当にボケ数が多い。最初から最後まで息をつかせぬほどのスピードで、次から次へと畳み掛けるようにボケが差し込まれます。しかも彼らがすごいのは、お客さんがボケを見逃すのをなんとも思っていないように見えるところです。

ボケ数を多くすればするほど、お客さんが掛け合いのスピードについていけず、ボケを見逃してしまう危険性があります。僕がＭ－１で「一度ボケて、さらに太ももを叩いて自分を戒める」という2重構造にしたのは、確実にお客さんにボケを受け止めてもらうための工夫でもありました。「太ももを叩くまでが1つの展開ですよ」とお客さんにわかってもらうことで、スピードを上げてもボケを見逃されないようにしたんです。

でも、ヤーレンズはＮＯＮ ＳＴＹＬＥでいうところの「ボケましたよ、太もも叩いて戒めますよ」みたいな「お客さんにきちんと届けるターン」を入れていない。

ボケの種類を見てもそう思います。ヤーレンズのボケは意外と世代や性別で「わかる／わからない」「笑える／笑えない」が分かれるものがけっこうあります。たとえば、サラッとアントニオ猪木のボケを入れたりする。猪木のボケは若い人にはあまり伝わらないでしょう。

彼らはそういうボケを容赦なく差し込みつつ、基本的に「どうぞご自由に見逃してください」というスタンスでいるんです。そもそも全部のボケでみんなにウケることを狙っていない。一部の人にしか伝わらなさそうなボケでも、ツッコミの出井（隼之介）くんがほとんど説明せずサラッと突っ込むだけで次に行ってしまうこともよくあります。

それでも全体として爆笑をとっているところが本当にすごい。

「ボケの種類と数」を豊富にすることで、結果的に「見ている人みんながどこかで笑えるネタ」に仕上げ、笑いの量を稼いでいく。ボケの1つひとつはターゲットが絞られるんやけど、トータルでは万人ウケする、という戦略が見事にハマっているんです。実はヤーレンズはただボケ数が多いだけではなく、まったく新しいスタイルでM－1に挑んできたわけです。

また、本来は大きな笑いが起こったらいったん笑いが静まるのを待って次の展開に行くのが基本です。でも、ヤーレンズは、笑いが起きているなかでもガンガン次のボケを入れていく。これも「見逃してもいいですよ」というスタンスだからやと思います。そうすることで、最後までトップスピードで駆け抜けることができるんです。

ボケは「量」と「質」どちらが重要か？

ヤーレンズのようなスタイルもありますが、これまでの漫才の定石でいえば、ボケ数は少ないほうがウケやすくなります。振りに時間をかければかけるほど、複雑なコマンドを打つことができるからです。

どういうことかというと、お客さんが「こんなボケが来そう」と想像する時間を設けたうえで、その逆をやったり意表をついたりすることで、鋭く刺さるボケができるんです。

つまり、面白いことを言うまでに、ある程度、時間をかけたほうが笑いをとりやすい。この場合は展開がゆっくりになり、振りに時間をかけるぶん、ボケ数は少なくなる。こういう順序で、ボケ数は少ないほうがウケやすいという話になるわけです。

逆に、小ぶりなボケを数多く打つ場合は、とにかくスピードが命です。ボケがシンプルなだけに、お客さんに「こういうボケ言うんちゃうかな」と読まれてしまったら、笑いの量は格段に減ってしまいます。だから、お客さんに予測される前に、とにかくボケを乱射しながら一気に駆け抜けるしかありません。

こういうタイプの漫才は、ネタ時間が短いからできるともいえます。M－1みたいに4分間の勝負ならば逃げ切ることができますが、5分とか10分となると難しい。やる側もそんなに息がもたないし、何よりネタ時間が長くなればなるほど、お客さんにボケを読まれやすくなってしまうからです。

2023年のM－1決勝のときのヤーレンズとさや香、どちらのボケ数のほうが多いかといったら圧倒的にヤーレンズです。

ヤーレンズは「小ぶりなボケの種類と数」で笑いをかき集める。さや香は「振りに時間をかけた少数精鋭のボケ」で笑いをかき集める。全体を通してかき集めた笑いの量は、ひょっとしたら、さや香のほうが上回っていたかもしれません。

ボケの量と質、どちらをとるか。小ぶりなボケを数打つか、それとも練ったボケを少数打つか。どちらのほうが「笑いの総量」は多くなるのか——。

僕は自虐半分、ボケ半分で「質より量で勝負してます」と言っていますけど、少ないボケ数で大きな笑いをとるスタイルをうらやましく思っています。もし、ボケ数で勝負をしたいなら、ただスピードを上げてボケ続けるのではなく、ヤーレンズのように、一工夫が必要な時代やと思います。

「つかみ」でお客さんの緊張をほぐす

若手の子たちから「賞レースでつかみを入れるかどうか迷っています」と相談されることがあります。賞レースはネタの制限時間がシビアなので、つかみに時間をかけずにすぐメインのネタに入ったほうがいいんやないかと考えているんでしょう。

僕自身の考えをいえば、賞レースでも寄席でもつかみは入れたほうがいいと思っています。

漫才はいかに早くお客さんとの間に「聞いてもらえる雰囲気」を作れるかが勝負です。ネタに入ったら基本的には「2人の会話」になるので、お客さんを引きつけるチャンスはやっぱり最初です。

だから、舞台に出てきた開口一番につかみを入れる。要はアイスブレーク的なやりとりを入れて緊張を解いたほうが、その後、漫才がやりやすいんです。

「緊張を解く」というのは、漫才をする側の緊張ではありません。

実はつかみによって、漫才を見ている側の緊張を解くことができるんです。それもコアなファンの緊張をほぐすことができます。なぜなら、近しい人ほど、最初の笑いが起こるまで「今日は、大丈夫かな」と緊張してくれているものだからです。

その緊張には拡散作用があります。コアなファンたちから一般のお客さんにまで緊張が広がり、会場全体がピンと張り詰めている。そこに漫才師は「どうもー」と飛び出していくので、いの一番に空気をほぐしたほうがネタに入りやすい。そうすることでお客さんが笑いやすい雰囲気を作れるんです。

2023年のM－1決勝の令和ロマンは、見事なつかみをしていました。
まず、くるまくんが相方のケムリくんのヒゲをいじる。

くるま：（こちら）松井ケムリさんという方でして、ヒゲともみあげがつながっております。反対側もつながっている。なんでつなげてるんだろうっていう疑問、湧きますよね……

このあと、すぐに答えを言わず、妙な間を空けます。お客さんは「これで小顔に見せようとしている、とか言うのかな？」と想像する。
するとくるまくんが、こう続けます。

くるま：これ簡単でして……、毛でもって、自分の顔を、ぐるりと囲うことによって……顔の内側を日本から独立させようとしてるんです

このように誰も想像がつかないことを、もったいつけながら言う。ここでケムリく

んが「そんなわけないだろ」とシンプルなツッコミを入れて、ドカンと笑いが起きました。

ちなみに決勝の2本目はこんな振りでした。

くるま：こちら覚えてますかね、松井ケムリくん。ヒゲともみあげがぐるっとつながっている。なんでつなげているのか覚えていますか？　……顔を毛でぐるっと囲わないと、スタジオと自分の境い目がわからなくなるからです

同じ振り、似たような間で、1本目とはまた違う意外なボケを入れて確実に笑いをとっていました。あれだけゆっくり客席に向かって話すのは、芸人としてはかなり勇気のいることです。

くるまくんは、「間のファンタジスタ」みたいなところがありますね。

フットボールアワーの後藤さんと話したときも、「あいつ、ほんま怖い間で待ちよるやろ」と言っていましたが、同感です。芸人だったら怖いくらいの「間」を作っておいて笑いをとる。くるまくんの度胸なのか余裕なのか勇気なのか、よくわからんけ

ど見事なもんやと思います。

2023年のM－1で、しっかりお客さん全員と会話をしたのは令和ロマンと、あとはさや香やったと思います。

採点基準でいうと、つかみがあるか、それがウケたかどうかは、僕の中では直接的に点数には影響しません。

でも、つかみで最初に笑いをとれると、スタートダッシュがよくなります。そのおかげで、本ネタに入って1つめのボケのウケ量が大きくなります。

もちろんつかみからの流れも重要です。一度笑いをとって場の温度が上がったものを落とさないように、スッとネタに入るのが理想的です。

たとえば真空ジェシカも、毎回つかみを入れますが、そこからスッとネタに入るという感じではありません。川北くんがすぐには意味がわからないボケをして、ガクくんが説明しながら突っ込む。そこから、いったん間を空けて、再スタートでネタに入るという展開が多い。決してスべっているわけではない、ちゃんと面白くてウケるんですけど、これだとネタへの入りはあまりスムーズではないと思います。

令和ロマンは、そのあたりのさじ加減も上手い。つかみでボケて、いったん笑いが起こってからも、ブツクサつぶやくようなボケとツッコミを何ターンか入れつつ、スッとネタに入るあたり、技術が高いなと思います。

ただし、つかみで失敗すると後が難しくなるというリスクもあります。最初にスベって仕切り直してネタに入る。そうなると、マイナスからのスタートになって、それを挽回できないまま終了……というパターンもよくあります。

そうしたリスクもありますが、基本的にはメリットのほうが大きいと思うので、僕はつかみを入れたほうがいい派なんです。

「あーよかった、伏線回収できた」だけのネタは大減点

最近、前半で散りばめておいた言葉や展開を後半に回収する「伏線回収」のネタが流行っている印象があります。ただ、僕はあまりこのタイプのネタを評価していませ

ん。なぜかというと、どうしても「作り物感」が出てしまうからです。

前半は勢いがよくても、後半はボケもツッコミもダレてくる。よくあることです。

それを防ぐために、あらかじめ前半にいくつかキーワードを仕込んでおいて後半で回収すると、そこでのボケとツッコミのパンチ力を増強できるんです。いってしまえば、伏線回収はドーピングみたいなものです。

前半に散りばめた伏線的なやりとり自体が、しっかりウケているのであればいいと思います。だけど、たいていはそこが弱すぎるんです。そのせいで、前半のボケやツッコミが後半のための単なる布石になってしまっているのはもったいない。

それに、前半で仕込んだものを後半で回収するのは、そもそも漫才として不自然です。この時点で「偶然の立ち話」という漫才の基本が崩れ、作り物感が出てしまう。

それが僕にとっては加点できないところなんです。

もし、本当に伏線回収をネタに取り入れたいのであれば、前半のボケを「お客さんに伏線だと感じさせない」くらい強いものにする必要があると思います。

それができているなと思ったのは、最近だと男性ブランコの「温泉宿」のネタです。

浦井（のりひろ）くんが客、平井（まさあき）くんが旅館の女将という設定でネタに入ると、女将が温泉の効能を「全治癒です！」と説明します。独特のワードセンスと言い方が面白くて、このボケ自体が笑えます。そして、ネタの後半、壊れたルンバを「全治癒」で治すという、全然予期していなかった角度で回収して締める。

要するに、前半の「全治癒」を後半に回収したわけですが、初出の「全治癒です！」だけで十分過ぎるくらい面白かった。こんなボケは見たことがない。見ているほうは素直に笑わされるだけで、「伏線」なんて疑いもしません。

「温泉宿」という設定はベタ中のベタですが、これは「あー、やられた！」と思いましたね。

芸人審査と一般審査でどう結果が変わるのか？

芸人にとって常に悩みどころなのは、広く一般にウケて売れたいと願う一方で、同業者である芸人に面白いと思われたい願望もあることです。

一般のお客さんとプロの芸人の感覚が同じだったら問題ないのですが、何事も玄人と素人とでは見方も感覚も異なるように、漫才も、芸人にウケるネタと一般のお客さんにウケるネタは少し違います。

また、一般のお客さんの中には、お笑いのコアなファンもいます。では彼らがプロの芸人と同じくらいの感覚を持ち合わせているかといったら、それも違う。

コアなファンはコアなファンで、劇場に足を運んでテレビに出ないような漫才師のネタも見ていたり、SNSで情報交換をしていたりするので、プロの芸人とは違う視点で漫才を見ているところがあると思います。

漫才に一番詳しいのは、もちろん、漫才師です。ゆえに同業者にウケたいという気持ちが先走ると、純粋にレベルが高すぎることばかりやりたくなってしまう。すると当然、一般的には理解されず、コアなファンにも意外と伝わらず、ウケないというジレンマがあるわけです。

この点で一番わかりやすい例は、関西で放映されている「オールザッツ漫才」です。今は違うんですけど、昔のオールザッツ漫才では、客席の奥のほうにズラリと漫才師が座っていました。この環境では、ステージに立っているほうもプロの芸人に面白いと思われたいから、ちょっと玄人向けのネタをしがちです。

すると奥に座っている漫才師が笑い、つられて一般の客席でも笑いが起こります。

要は、プロの漫才師の存在によって会場のお笑い感度がビンビンに上がっている状態で漫才をする、という構図になっていた。もし漫才師がいなくて一般のお客さんだけやったら、同じネタでも、きっとほとんどスベっていたと思います。

そういう意味では、第1回キングオブコントも同じでした。

第1回のキングオブコントでは、客席に準決勝で敗退した芸人100人がズラリと並び、1人持ち点5点の500点満点で審査するという方式でした（最終決戦は決勝に進出した6組による審査）。

そして初代チャンピオンは、バッファロー吾郎。でもバッファロー吾郎は「笑域」の高い芸人の代表格みたいな存在です。一般のお客さんにウケ切らないネタも多い。それでもバッファロー吾郎が優勝できたのは、客席にいる芸人のアンテナが確実に笑いをキャッチし、それが客席に伝搬した結果やと思います。

ネタ番組でも賞レースでも、芸人が見ているのはいいんですが、一般のお客さんとのバランスは加減する必要があると思います。

あまりにも芸人が多いと、どんどん一般のアンテナではキャッチできない高周波数の芸ばかりがウケてしまい、世間の感覚との乖離(かいり)が生じてしまう。そんなふうにプロにしか理解できない番組・大会にするのは得策ではないでしょう。

その点、M－1は、ちょうどいい塩梅(あんばい)になっていると思います。

年度によって多少違いはありますが、5〜9人の審査員がいる。客席には一般のお客さんが入っていて、そこに前回の（時には前々回も）チャンピオンが混ざっている、というバランスです。

これにより芸人審査員が一般のお客さんの反応も見られる状態なので、プロの感覚に一般的な感覚も掛け合わせた点数づけができるんです。プロから見た真新しさや技術の点で図抜けていて、かつ一般ウケもいいコンビが勝てる環境になっていると思います。

4章

路上から王者へ、挫折からの下克上

【コンビ論】

姉に連れて行かれた劇場で「漫才」に魅了された

ここでは、僕の漫才師としての人生を振り返ってみたいと思います。

僕が初めて「漫才」というものに触れたのは、中学1年生のときにお笑い好きの姉と一緒に行った心斎橋筋2丁目劇場でした。

姉と一緒に行くはずだった友だちが何かの事情で行けなくなり、チケットが1枚余ってしまうということで、たまたま連れて行かれたんです。

うちにはあまりお金がなくて、当時はテレビもありませんでした。いや、正確にいうと、粗大ゴミ置き場から拾ってきた、決して映像が流れることのないテレビしかありませんでした。

友だちの家に行けばテレビはありましたが、みんなと一緒だとアニメを見たりテレビゲームをしたりで、「お笑い見ようや」とはなかなかなりません。

だから当時、テレビで人気を博していたダウンタウンもウッチャンナンチャンもとんねるずも、見たことがありませんでした。

そんななか、心斎橋筋2丁目劇場で初めて漫才を見た。もう、ほんまに感動しましたね。「世の中に、こんなおもろいもんがあるんか！」と。

いろいろと見たなかでも、特に感動したのはシェイクダウンというコンビでした。今はザ・プラン9というコンビをやっている（お〜い！）久馬さんのボケに魅了され、以来、姉をしのぐほど劇場に通い詰めるようになりました。中学生でもできた新聞配達のアルバイトをして、そのお金で劇場に行くという毎日でした。

劇場では、漫才を見てゲラゲラ笑いながら、ずっとメモを取っていました。

その場では走り書きになるので、家で清書します。すると、ちょっとした手製のネタ台本のコピーが出来上がります。

ところが、文字にしてみると、劇場で見た印象と全然違うことに気づきます。文字にしてみると、面白くなくなる人たちがいる。逆に文字で読んでも面白いままの人もいる……。

それが不思議でたまらず、次第に「この人たちの漫才は、こんなんやった」と分析して自分なりの考えを書き込むようになりました。もともとオタク気質なんです。

そうこうしているうちに、我が家にも本当に映るテレビがやってきて、劇場通いに加えてテレビでもお笑いを見るようになりました。

でもテレビっ子にはなりませんでした。というのも、劇場で見てめっちゃ面白かった漫才師がテレビで同じネタをやっているのを見ても、あまり笑えなかったからです。「テレビっていう箱は、漫才のパッケージを自宅に届けてくれるけど、本当の面白さまでは届けてくれないんやな」と思いました。

それでもせっかく家にあるので、お笑いは見ていました。

すると、台本にすると面白い漫才と、台本にすると面白くない漫才に分かれるように、テレビでも面白さが伝わるお笑いと、テレビだと面白さが伝わらないお笑いがあることにも気づきました。

そこで素人なりに考えたのは、「劇場とテレビとで空気が変わるかどうか」の違いなんやないか、ということでした。

コントはテレビでも劇場でも、伝わってくる空気があまり変わりません。でも漫才は、テレビだと劇場の空気が出ない。ナマっぽさが失われて、面白さが乗り切らない感じがしました。

両者を比べてみて、僕はやっぱり漫才のナマ感が好きなんやと改めて自覚して、いっそう熱心に劇場に通うようになりました。久馬さんをはじめ、スミス夫人の灘儀（武）さん、みのながの美濃（昌輝）さん、長岡（大祐）さん、たむけん（たむらけんじ）さんが組んでいたLaLaLa……などなど、大好きな漫才師が何人もいました。

初のネタ披露は「修学旅行」

こうして、どんどん漫才の虜になっていった僕でしたが、「自分もやってみたい」という気持ちには全然なりませんでした。にもかかわらず、お笑いをやることになったきっかけは、中学2年生の修学旅行でした。

修学旅行中のクラスごとの出し物で、僕のクラスはお笑いをやることになりました。盛り上がっていたのは一部の男子。そこに僕は含まれません。当時の僕は大人しいほうだったので黙っていたんですけど、何一つ進まないまま旅行直前になったとき、ある女子が「石っち（僕のあだ名）がネタ書けばいいやん」と言い出しました。

びっくりして「え、僕？」と聞き返すと、「私、このあいだ2丁目劇場に行ってんけど、石っち、めっちゃ劇場に来てるやんか」と。劇場に通い詰めているお笑い好きであることがバレていたんです。

そんな流れで僕がネタを書くことになりました。といってもネタなんて書いたことがないから、劇場で見たネタをパクって、場面設定を学校に変更したくらいです。見よう見まねで漫才もコントも書きました。

それが本番でウケたんです。元ネタはプロが劇場でやっているネタだから、ウケるのは当然といえば当然やったけど、めちゃくちゃ気持ちよかった。


このとき、1つ記憶に残っているのが、同じ中学の隣の組にいた井上が本番後にいきなりやってきて、ひとこと「パクリやん」と言ってきたことです。クラスの人たちには誰にも気づかれなかったけど、井上だけにはバレていた。井上はテレビっ子でしたが、お笑いもよく見ていたみたいです。

ともあれ、その後の僕も相変わらず引っ込み思案で、自分が面白いなんて全然思っていませんでした。修学旅行の終わりとともに、「お笑いをやるのは楽しい」という気持ちには蓋をして、また劇場通いをする日々に戻りました。

高校生になってからも何も変わり映えしない毎日でした。むしろ中学生のころよりもいっそう無口で、面白いことなんかいっさい言わない人間になっていたと思います。ある夜、徹夜麻雀をする傍ら、友だちとテープレコーダーを回しながらラジオの真似事をして、その録音をみんなで聞いたことがありました。でも、全然笑えなくて、「やっぱ俺らって全然おもんないな」と再確認。こうして、ろくに挑戦せずに勝手に挫折しました。

ただ、「漫才が大好き」というのは変わりません。劇場通いはずっと続けていました。そのままなんとなく高校3年生になって、卒業後は懐石料理の店で板前修業に入ることが決まりました。料理人だった父親の影響です。

そんな高校生活終盤のある日のことです。また急に井上が声をかけてきたかと思ったら、「俺、大学に落ちたら吉本のＮＳＣに行こうと思ってんねん。そうなったら石田も一緒に行かへん？」と言います。

全然仲良くもないのに、いきなりこんなことを言われて、僕が面食らったのは言うまでもありません。

内心、「こっちは就職が決まってんのに、こいつ何、言うてんねん」と当惑する僕をよそに、さらに井上は「まあまあ、考えておいてや」と言う。結局、その場は「いや、行かへんよ」とだけ伝えて終わったと記憶しています。

「初の舞台」で快感を知った

板前修業を始めて1年ほどが経ったころだったでしょうか、今度は別の友だち2人に声をかけられました。彼らはお笑い芸人を目指していて、心斎橋筋2丁目劇場のオーディション用のネタを書く要員として僕を誘いに来たのでした。「石田はお笑いが好きで2丁目劇場に通い詰めている」というのは、すでに周知の事実やったんです。

その2人がめっちゃ面白いやつらだったので、彼らに認められ、求められたのがうれしくて、すぐに誘いに乗りました。これが、僕が初めてお笑い芸人を志した瞬間でした。

さっそく、毎晩、仕事を上がってからネタを書き始めました。

オーディションは週末だったので、平日にネタを書いては集まってネタ合わせをする。僕がツッコミで2人がボケという3人漫才です。そして週末、いざオーディションに臨んだのですが、びっくりするくらいウケない。スベりっぱなしでした。

結局、2回ほどオーディションを受けてダメだった時点で、2人は心が折れてしまいました。

ところが僕はというと、俄然(がぜん)、火がついてしまったんです。

オーディションとはいえ、劇場の舞台に立って漫才をやります。そこで舞台の「匂い」を味わってしまった。ウケようとウケなかろうと関係ありません。初めて知った「舞台の上ってこんな感じなんや……!」という感覚の虜になってしまいました。

それまでは、とにかく父親に認められたい、期待に応えたいという一心で生きてきた人生でした。

おとんが野球をやっていたから、中高の部活は野球部にしよう。兄貴2人も最初は野球部だったけど、途中でやめて卓球部に入った。でも僕はおとんに認められたいから野球を続けよう。

おとんが料理人やったから、僕も料理人を目指そう。おとんが認めてくれるような懐石料理の板前になろう。

すべて自分で選んだことでしたが、父親に認められたい、期待に応えたいあまり、自分で敷いたレールに自分自身を縛り付けて、がんじがらめになっていた気がします。

そんなレールから初めて外れて、父親に認められるためでなく、純粋に自分のやりたいことに挑戦したのがオーディションやったんです。

劇場の舞台に上がったとき、大げさでなくスーッと鼻が通って、「あ、息が吸える」と思いました。これが「生きる」ってことなんや、と。生まれて初めて「自分のために生きる」ことができた気がしました。

こうなるともう、その感覚が忘れられません。もっと味わいたいと思う一方で、「声をかけてくれた2人が挫折してしまったのは僕のせいや」という自責の念にも苛(さいな)

まれていました。

もっと面白いネタが書けて、もっと大きな声が出せていたら、そんなことにはならなかったかもしれない。じゃあ、まずやれることからやろう——大きな声でちゃんとしゃべったり演技したりできるようになるために、劇団に入りました。

板前修業と並行して劇団の活動をする日々が始まりましたが、すぐに滑舌や発声のトレーニングだけでは満足できなくなってしまいました。

そこで、お笑いの路上ライブでもやろうかと思い立ち、ネタを書いたり、テープに録音した自分の音声でコントや漫才をやってみたりしていました。

それを、いったいどこで聞きつけたのか、井上に見つかってしまったんです。

道行く人を振り向かせる「道端の漫才」が原点

当時の井上は、大学（落ちなかったみたいです）で組んでいたバンドが解散したので、自分ひとりで路上ライブをやろうと思っていたようです。

そんなときに僕がお笑いの路上ライブをやろうとしていることを知ったので、「一緒にやろうや」と言ってきたのでした。思えば、井上の押しが強くてなんか断り切れず、受け入れたのがNON STYLE結成のときでした。

「お前、お笑いやりたいんやろ。なら俺がツッコミやってやるから、ネタ書きや。俺はギター弾くから、おまえはベースな」と井上に言われるまま、ベースを買わされ、練習させられ、ネタも書かされ……。今、振り返っても意味不明です。

それでも空中分解することはなく、一応、いくつかネタを仕上げて街に出ました。

自分たちの緊張をほぐすために、道端に「漫才やります」「相談乗ります」「似顔絵書きます」なんてふざけた看板を出して待っていたら、酔っ払ったおじさんが寄ってきて「漫才をやれ」と言う。やったらやったで次は説教が始まりました。

井上は「お前はおもろくないけど、しゃべりが上手いから落語家になれ」と言われ、僕は「お前は根本的に向いてないから俺の下で働け」と言われました。

ここで「やっぱり俺はおもろくないんや。中学でもおもろくなかったし、高校でもおもろくなかったやん」と、一気に現実に引き戻される感覚に襲われました。でも、ふと井上を見ると、「あのおっさんを見返してやるぞ」と意気揚々としています。

井上にまたも押される形で、僕は毎週、ネタを10本書くことになり、本腰を入れて路上ライブを始めることにしました。片手間でやっても上手くいかないからと、板前も辞めました。

場所は、井上が通っていた大学のある兵庫・明石と、僕が住んでいた大阪・梅田のちょうどあいだをとって三宮の駅前でした。

最初は声が全然出なくてガチガチでした。三宮なら梅田にいる知り合いに見られる心配もないから思い切ってやれるやろうと思っていたんですけど、なんともなりませんでした。

そこで、1回、少し酔いが回った勢いでやってみようという話になって、ビールを2缶飲んでから「はい、どうもーー！」と大きな声を出してみた。そうしたら道行く人たちが振り向いてくれて、どんどん集まってきてくれたんです。

そのままの勢いでネタをやってみると、いろいろと発見がありました。

どういう流れや話し方だと聞き続けてくれるのか、逆に立ち去ってしまうのか。

路上は劇場と違って完全に無料で行き来自由なので、瞬間、瞬間で確実に笑いをとらないと聞き続けてもらえません。前半は抑えめで後半でドカンと盛り上げようなんて許されません。

聞き始めで去られてしまわないよう、振りが長いネタもおのずと減っていきました。その一方で、テンポよくポンポン展開しておいてから、途中で少しストーリーを入れて長めにしゃべると聞き続けてもらえる、といった緩急のつけ方もわかってきました。

そうやって試行錯誤するうちに、どんどんお客さんの数が増えていって、多い日は100~200人が集まるようになりました。

最後まで聞いてくれたお客さんは、たいてい、目の前に置いてある投げ銭箱にお金を入れてくれます。あっというまに、毎回、かなりの額が入るようになりました。

新聞社の取材を受けたり、『神戸ウォーカー』の特集ページで取り上げられたり。それだけでなく、大学の学園祭や地方の営業に呼ばれることも増えていきました。評判を聞きつけた芸人が来ることもあり、チュートリアルの徳井(義実)さんやサバンナの八木(真澄)さんも見に来てくれたことがあったそうです。

チュートリアル、麒麟、キングコング……立ちはだかった壁

路上ライブに大勢のお客さんが集まってくれるようになったある日、「社長」を名乗る人物に声をかけられました。今度、新規で芸人の事務所を立ち上げるから、そこに所属しないか、とのお誘いでした。

といっても僕ら1組では難しいから、ヘッドハントもかねて、当時、できたばかりだったbaseよしもとに偵察に行くことになりました。

吉本の劇場だけあって、やっぱり面白い人たちがたくさん出ていました。当時、メモしたなかでもはっきり覚えているのは、ダイアンと、南海キャンディーズ山ちゃん(山里亮太)の前のコンビ足軽エンペラーです。

でも、結局、「社長」なる人物がいなくなってしまい、事務所に所属する話は立ち消えとなりました。baseよしもとの公開オーディションを受けるようになったのは、その直後のことです。

すでに路上ライブが大盛況を博していたから、そこそこ自信はありました。だけど、やっぱり簡単には受かりません。最初に挑戦する「baseプレステージ」は、1組の持ち時間がわずか2分間の勝ち残り戦。それも舞台に出てから30秒くらいで、面白くなかったら脱落という厳しさです。2丁目劇場も同じ仕組みでした。

1回目の挑戦でダメ、2回目もダメ、3回目もダメ。4回目の挑戦でようやくbaseプレステージに合格し、月に1回のプレステージ決勝に進むことができましたが、あえなく敗退。

そして7回目、やっとプレステージ決勝で上位5位に残って、同じく月に1回のガブンチョWARの出場権を獲得。そこで晴れて勝ち残って、よしもとからお給料をもらえる「ガブンチョメンバー」になることができました。2001年のことです。

吉本には、「これをもって所属」という明確な線引きがありません。

ただ、プレステージでは、自分でチケットを買って手売りしなくてはいけないので、わずかながらもお給料が入るようになる「ガブンチョメンバー」になったときが「所属芸人」になったときといえるんかなと思います。

ガブンチョ組の上には、タレントプロデュース組というのがありました。
そこはバッファロー吾郎、野性爆弾、シャンプーハット、サバンナのほか、ケンコバ（ケンドーコバヤシ）さん、陣内（智則）さん、小籔（千豊）さんなどなど、錚々たるメンバーがいる世界でした。

その組の予備軍ともいえるガブンチョには、当時、フットボールアワー、ブラックマヨネーズ、チュートリアル、レイザーラモン、レギュラー、麒麟、キングコングなどなど、これまたすごいメンバーがひしめき合っていました。

つまり、タレントプロデュース組に行くには、このなかで頭抜けなくてはいけない。どれだけ厳しい競争だったかは、いうまでもないでしょう。

ガブンチョメンバーは、週に1度、base よしもとの舞台に立ちます。

毎週、新ネタをやることになっているうえに、月に1度、入れ替え戦のガブンチョWARで勝ち残らないといけません。でも、それ以上に大きな問題だったのは、寄席に必ずといって設けられているトークコーナーやゲームコーナーでした。

僕は漫才が大好きで、漫才さえできればよかったんです。

なのに、漫才でウケて人気が出れば出るほど漫才以外の仕事が増えていく。苦手なフリートークやゲームをやらされる。そういう漫才以外の仕事でも笑いをとれないと、タレントプロデュース組には行けない。

ガブンチョ組のメンバーには、漫才で勝負するガブンチョWARの順位では勝てることもありましたが、フリートークではまったく歯が立ちません。

「漫才がしたくてこの世界に入ったのに、なんでこんなことせなあかんねや」と不満が強まる一方、芸もトークも上手い周りの芸人と比べて「やっぱり俺はおもろくないんや」という自己否定にもかられ、次第に病んでいきました。

自由に漫才だけをしていた路上ライブが恋しくなりましたが、事務所外で勝手な活動をするわけにもいかず、精神的に八方塞がりになってしまったんです。

「救い」になったブラマヨ吉田さんの言葉

思えば、ガブンチョ組にいたころは、芸人人生で一番落ちていた時期です。

毎週、新ネタを書いてbaseよしもとの舞台に立つ。月に1度のガブンチョWARでがんばって勝ち残る。あとはバイトで生活費を稼ぐ。

その間にも、寄席でフリートークやゲームをやるたび自分の面白くなさを痛感するばかりで、「漫才では笑いをとれるけど、生身では笑いをとれない俺は、しょせんは作り物なんや」みたいな暗く否定的な気持ちにどんどん覆われていきました。

とにかく漫才以外ではまったく前に出られなくなっていたので、このころ、井上がやたらと話を振ってくるようになっていたのを覚えています。

トークコーナーで誰かがウケた後、井上が「そういう話なら、石田にもあるんですよ」なんて水を向けてくるんやけど、僕は「いや、別にないっす……」で終わる。メンタルをこてんぱんにやられていて、明らかに異変が生じ始めていました。

徐々にどもりがひどくなり、よく手がしびれる感覚がある。夜も眠れず、ときには呼吸の仕方すらわからなくなる。さらに、家から劇場への移動中に、突然、ホームで見えない力で線路に引っ張られるような感覚が起こるようになってからは、出かけるのが怖くなりました。

こうして漫才の仕事をすることもままならなくなるなか、自宅から出ることにも恐怖を感じるようになってきたところで、心療内科を受診しました。

診断はうつ病。井上にも状況を伝えて、すぐに投薬治療が始まりました。

最初は毎日、決まった時間に決まった量の薬を飲むことも難しいくらいだったんですが、救いになったのは、心療内科の先生の言葉と、ブラックマヨネーズの吉田（敬(たかし)）さんの言葉でした。

心療内科の先生には、僕は自分に期待しすぎているのではないかと指摘されました。学生時代は大人しくて目立たない存在だった僕が、今では漫才師として大勢のお客さんを笑わせるようになっている。この時点で人生の大きな目標は達成していると考えて、今後は自分に設けるハードルを低くしてみてはどうか。

たとえば、1日1回、ネタ帳を開いたらOK、翌日は劇場まで行けたらOK、その翌日は誰か1人に声をかけて大きな声を出せたらOK、と。こんなふうに先生と話せたのは、すごく助けになりました。

吉田さんは、M－1で優勝した直後でめちゃくちゃ忙しい時期に僕を気にかけてくれたんですけど、ご自身も手のしびれや不眠を感じていると話してくれました。

吉田さんみたいに才能があって肉体的にも強い人でも、そういう状態になることがあるなら、僕がなるのは不思議やない。そう思えたことも安心につながりました。

こうして周りの人たちに助けられながら、少しずつ回復のステップを踏んでいきました。

「おもろいやつ」には〝意見〟がある

当時の僕はなぜ、自分はこんなにもつまらないのかと思い悩んでいました。そして、ある1つの答えに行き着いたんです。

僕には「意見」がないんや――。

「意見」があるやつは、なんか尖ってる。なんか面白い。そう気づいて以来、目にするものすべてに「意見」を持とうと努めてきました。

「日本の水道水は飲めるのに、なんでペットボトルの水を買ってんねん。俺は絶対に買わへんぞ。誰かがくれたら飲むけどな」

「たまに見かける、親子丼に乗ってる卵の黄身、ほんまに必要か？　偉そうに真ん中に鎮座してるけど、その下の卵と鶏肉だけでもう完成してるやん。いらんやろ」

「短距離走のゴールの瞬間、なんで中継番組ではスローモーションにするんや？　ゼロコンマ何秒を縮めるために、血を吐く思いでがんばってきた人たちやぞ。全力疾走でゴールを駆け抜けるところを、そのまま流したれや」


くだらないと思われるかもしれませんが、こんなささいな日常の一場面でも、「俺はこれを、どう考えるんや」と自問自答してきたんです。実際、そうやって何事にも意見を持つようにしていくなかで、少しずつ漫才師としての力もついてきて、気持ちも上向いてきたように思います。

もともと劇場で見たネタをノートに書き起こしていたオタク気質の僕ですが、今のように細かく分析し、言語化するようになった根っこには、何にでも「意見」を持ってやると決意した、あのときの自分がいる気がします。

今までもこれからも、僕は漫才に対しても、それ以外のことに対しても「意見」を持って生きていきたいと思っています。

「テンダラー浜本さん」が見つけてくれた漫才スタイル

僕らの最初の飛躍のきっかけとなった、井上がかっこつけるのを僕がいじる「イキリ漫才」は、テンダラーの浜本（広見）さんのひとことがきっかけで生まれました。井上のかっこつけは元来のものです。イキリ漫才ができてから「イキるキャラ」を演じ始めたのではなく、素でかっこつける。

中学・高校からずっとそうだったので、僕は、井上がかっこつけるたびにイラッとはしても、面白いと思ったことはありませんでした。僕にとって井上は身内なので、客観的に見ることができなくて、「一緒にいて恥ずかしいからやめてほしい」としか思えなかったんです。

そんな見方を変えるきっかけになったのが、あるとき浜本さんに「井上のああいうところ、めっちゃおもろいやん」と言われたことでした。

最初は「ほんまっすか？　全然わかんないです。むかつくだけなんですけど」なんて言っていたんですが、浜本さんは「いや、おもろいで」と言う。ご自身がＭＣを務める番組に僕らを呼んでくれたときなども、浜本さんは完全に井上にロックオンし、かっこつけをいじりまくって笑いをとっていました。


浜本さんの発案で、テンダラーの単独ライブなのに井上にドッキリを仕掛けたこともあります。

「よしもと男前ランキング1位に選ばれたから、写真撮影をする」という設定で、気をよくした井上がノリノリで写真を撮られているのを動画に収める。これがめちゃくちゃ滑稽で面白かったんです。

テンダラーの単独ライブ当日、「そのときに撮影した写真がこちらです」と言って、井上がかっこつけまくっている写真をバンと出すと、ただ写真を見せただけなのに、爆笑が起こりました。

井上のかっこつけは面白いんや。そう実感した瞬間でした。

そこから、井上がかっこつけるのを僕がいじるというネタを書き始め、「イキリ漫才」が出来上がりました。試しに劇場でかけてみると、最初からめちゃくちゃウケた。このウケやすさが、「簡単に笑いをとりやがって」と一定層に嫌われることにつながるのですが、「イキリ漫才」がなければ僕らのスタートダッシュはありませんでした。そのアイデアをくれた浜本さんには、ほんまに感謝しています。

「M－1の最初の波」に乗り遅れた

2001年12月、第1回のM－1が開催されました。

芸人の間では少し様子見というか、「初回はスルーしとこか」といった敬遠の雰囲気が漂っていた気がします。M－1に限らず、新しい大会に対しては、みな期待と同時に警戒するものです。思い返すと「THE MANZAI」のときもそんな感じでした。

NON STYLEは、どんな大会なのか興味津々でエントリーしました。特に挑戦しない理由もないし、やってみて上手くいったらラッキーみたいな発想でした。

が、結果は決勝にかすりもしない3回戦敗退。翌年は準決勝敗退。その後も、3回戦敗退と準決勝敗退を繰り返しました。その間、ずっと先輩芸人などから「お前らはM－1には向かない」と言われ続けました。

実際、当時の僕らは、MBS新世代漫才アワード準優勝（2004年）、上方漫才大賞優秀新人賞（2006年）、MBS新世代漫才アワード優勝（2006年）、NHK新人演芸大賞演芸部門大賞（2006年）などなど、賞レースで結果を出しまくっていました。

だけど、どういうわけか、M－1だけは上位に食い込んでいけない。

M－1は、ただ純粋に見るだけなら、めちゃくちゃワクワクする大会です。もし、かつての僕が井上に見つからずに板前修業を続けていたら、「漫才好きの板前」としてM－1を心から楽しんでいたでしょう。

でも、漫才師として出場するとなると、もちろん話は別です。

3回戦敗退、よくても準決勝で敗退するたび、M－1は本当に面白い人たち――単に笑いをとれるだけじゃなくて、プロの芸人が見ても「ちゃんと面白い人たち」でないと勝てないんやと思うようになりました。

でも少し素直になれないところもあって、最初のうちは「負けて悔しい振り」をしていた気がします。

あとは、「いいネタができたのに、なんで決勝に行かれへんねん」という真っ直ぐな悔しさではなく、決勝進出組を見て「なんであいつらが決勝に行きよるねん」という、ちょっと拗ねた悔しさもありました。

M－1でも認められたいあまり、芸人魂をこじらせていたのかもしれません。

思い返すと、当時は、よくない酒ばっかり飲んでいました。こじらせ芸人は他にもたくさんいたので、彼らとつるんで安酒を煽っては、くだを巻く。敗者復活戦で勝ち上がれなくて号泣した2007年までは、ずっとそんな感じでした。


こうしてM－1の最初の波には完全に乗り遅れてしまった。

それなのに、NHKの「爆笑オンエアバトル」ではやたらと調子がよくて、2007年には9代目チャンピオンになりました。うれしかったけど、この状況は僕を余計に苦しめてもいました。

M－1は芸人審査員が勝者を決定する一方、「爆笑オンエアバトル」の審査方法はお客さんの投票です。

「M－1では調子が悪いのにオンバトでは調子がいい」というのは、言い換えれば、「プロの芸人には認められない、一般客の笑いしかとれないコンビ」という烙印を押されているようなものでした。


先輩芸人の間でも、「NON STYLEはM－1では勝てないコンビ」という評価が大半だったようです。実際、かなりひどい言われ方もしました。

ある関西の賞レースのときなんか、放送作家さんと笑い飯、僕らがエレベーターで一緒になり、その作家さんが笑い飯に「笑い飯はいつも面白いよな。今日、俺は絶対NON STYLEだけは勝たないと思うわ」と言っているのを、すぐ隣で聞いたこともあります。

たまたま陰口を聞いてしまったとかではなく、僕が目の前にいるところでわざわざ言われる……。これは一生忘れられません。

とはいえ、M－1でいまいち跳ねない、プロの芸人に評価してもらえないのは動かしようのない事実でした。

ちゃんと面白いことができるようになって、本当に面白い人たちに認められたいという気持ちは、どんどん強くなっていきました。だからこそ、2007年、敗者復活戦敗退時に初めて号泣したんやと思います。

優勝後、不眠不休で働いた3ヶ月

こじらせていた時期もありましたが、イキリ漫才を封印して挑戦した2008年のM－1で、やっと僕らは優勝することができました。

よく知られているように、M－1チャンピオンになると、その翌朝からめちゃめちゃ忙しくなります。

僕らも例に漏れず忙殺されていきますが、実は、僕にはM－1直後から舞台出演の仕事が入っていました。

当時の僕たちは、大阪のテレビ局のレギュラー番組をすべて辞めて、東京に進出したばかりでした。東京の仕事はまだ全然ないので、そこにガッツリ舞台の予定を入れていました。NON STYLEがM－1で優勝するなんて誰も想像していなかったんです。

舞台には、1ヶ月ほどの長い稽古期間が必要です。それも毎日、みっちり稽古するものなので、スケジュールを完全にブロックするのが普通です。

まず、申し訳ないけども、もともと日中に入っていた舞台稽古の予定をほとんどすべて夜間に変更してもらいました。

そして、早朝から夜までは主にテレビ番組の収録で駆け回り、夜間は舞台稽古、稽古後はシャワーだけ浴びに家に帰って、そのまま早朝にテレビ番組の現場へ……という日々がしばらく続きました。この時期の睡眠は、移動中のロケバスなどで仮眠をとるくらいでした。

もちろん、本業の漫才もますます忙しくなりました。M－1チャンピオンはお客さんを呼べるので、少しでも時間が空いていれば、すかさず寄席の予定が入りました。

そんな不眠不休状態で臨むテレビ番組の出演は、過酷でした。

朦朧（もうろう）として頭が回らないのに、M－1チャンピオンとしてなんとか爪痕を残さなくてはいけない。でも東京の収録現場には、強いトークネタを持っているアイドルもいれば、人気の俳優さんもいます。トークが上手い医師や弁護士などもいます。今までは別世界にいた人たちが、みんなライバルになりました。

これが東京のテレビか――。

M－1チャンピオンになれた喜びを噛みしめる間もなく、「また取り残されてしまうな」という感覚に襲われました。

あっというまに数ヶ月が経ち、舞台が終わってからも忙しさは相変わらずでした。とにかく目まぐるしくて、何をやっても空回りしている気がして仕方ない。そうかと思えば、井上は無邪気に「キングオブコントも獲（と）りたい」「来年もM－1に出たい」なんて言ってくる。じゃあ誰がネタを書くかといったら僕だけど、とても新ネタを書く時間なんてとれない。

忙しくさせてもらってありがたかったけども、2009年は体力的、精神的にかなりつらい1年でした。

「負けたこと」より「仕上がらなかったこと」が悔しかった

こういってはなんですが、M－1は漫才師にとって一種の呪縛です。漫才師であるからには、挑戦しないと逃げているように思われるのではないか。結成15年を過ぎた人たちは出たくても出られないのだから、出場権がある限りは挑戦すべき。でなければほんまの漫才師やない。そんな気にさせられてしまうんです。ただ、M－1チャンピオンになったほとんどの漫才師はM－1から卒業します。なので、2008年に優勝したとき、正直、「これで解放される」と思いました。

優勝したときの涙は、もちろん、うれしくて感極まったんですけど、何割かは「ホッとした」のかもしれません。「来年も出る」と思っていたら、あんなに泣いていません。

にもかかわらず2009年も挑戦することにしたのは、井上が「M－1で連覇したやつらはいないから挑戦したい」と言って聞かなかったからです。井上はやっぱりタレント的な考え方が強い。漫才さえできればいい僕とは違います。

2008年末から2009年にかけて、めまぐるしい日々を過ごすなかでのM－1再挑戦は大変でした。

慣れないバラエティ番組を多数こなしつつ、今までに経験したことのないほどの忙しさで、ネタを書きたくても時間がない。しかも「M－1チャンピオン」ともなるとハードルが上がるので、新ネタは明らかにウケづらくなります。

本当は、寄席ではウケにくいけど、M－1で勝負できそうなネタをかけて手応えを見たいところ。でもM－1チャンピオンが求められるのは「確実にウケること」だから、今までの路線からあまり外れたことはできません。その点でもしんどい時期を過ごしました。

忙しいなか、ネタはたくさん書きました。でも、なかなかいい新ネタが生まれず、昔、書いたネタに要素を足したりしつつ、M－1に向けて準備していきました。

そして臨んだ2009年のM－1。正直、僕としては「ネタが仕上がり切らなかった」という感覚が強かったです。言い訳にしかならないけど、やっぱり、あれほど多忙を極めるなかで、昨年を超えるネタを書くのは無理でした。

敗者復活戦を制して決勝に行くことになりましたが、冷静に見れば、僕らよりも決勝進出にふさわしいと思えるコンビがいました。仕上がっていないネタで決勝進出を決めてしまった申し訳なさを抱えて決勝会場に向かったことを思い出します。

決勝は、まず新ネタをやって最終3組に残りました。2本目は、昔のネタに調整を加えたものをやって、結果は3位。ただ、「負けたこと」そのものよりも、やっぱり「仕上がっていないネタで勝負してしまったこと」が悔しかった。

当時のM－1の出場資格は結成10年以下で、２００９年の時点でＮＯＮ ＳＴＹＬＥは結成９年目だったので、あと1回は挑戦できました。

でも僕の中では、これが「最後のM－1」と決まりました。本当にしんどい２００９年を過ごしてきて、またM－1に挑戦するのは現実的に無理やと痛感したんです。

こういう思いをしてきたので、２０２４年もM－1に挑戦している令和ロマンは素直にすごいなと思います。２０２３年で結成6年目の彼らは、その気になれば、あと9回、挑戦できます。彼らは実力があるので、また、面白い新ネタを引っ提げてきて、2連覇、3連覇してしまうかもしれません。

舞台も、講師も、イベントも……だけど、漫才は手放さない

全国区で名を知られるようになればなるほど、テレビのバラエティ番組などの仕事も増えてきます。漫才は2人揃わないとできませんが、バラエティはそうではありません。必然的にピンで出演することも多くなります。

そうなってくると直面するのが、あくまでもコンビでやる漫才に軸足を置くか、それともピンでも活動できるバラエティ番組にシフトしていくか、という問題。これが難しいところです。

同じコンビでも、お互い意見や意志があります。活動の幅が広がって別の世界を見ることで、今まで一緒に漫才をがんばってきた2人の目標や希望、将来のビジョンなどが、大きく食い違ってしまうケースもあります。

NON STYLEはどうか。僕は漫才するのが大好きですが、だからといって「漫才だけやるべき」みたいなこだわりはありません。

現に、僕はバラエティ番組にも出るし、他にも舞台の演出をやってみたり、絵本を書いてみたり、NSCの講師をやってみたりとさまざまな活動をしています。

ただ、漫才を手放すことは絶対にないだろうなと思っています。

漫才は僕の一生の仕事。たとえば、僕は単独ライブツアーを毎年やりたい。でも、テレビに出たい井上は、なるべくツアーは少なくしたい。ツアーに出ている間に、もし特番のオファーがあったら断らなくちゃいけなくなる、それは避けたいというわけです。

ツアーといっても、長期間、すべてを切って漫才に没頭するわけではありません。せめて年に7回、主要都市で単独ライブをするのはどうか。この譲歩案にも乗ってこないので、「年間たったの7日、俺にくれることができないのやったら、もう解散や」とケンカになったこともあります。

井上は、「漫才なら寄席でやろうや」という考えです。一方の僕は、寄席に加えて、「NON STYLEの漫才を見たい」と思ってくれている人たちのために単独ライブツアーもやりたいという考えです。

中堅以降の芸人さんのなかにはだんだん寄席に立たなくなり、主戦場をテレビに移している人もいます。もともとテレビっ子だった井上は、どうしても、そちらのほうに目が向いてしまうのでしょう。

僕は、どんなに活動の幅が広がろうとも、自分は漫才師やという自意識がある。何をやってお金を稼ぐかといったら、「ナマの舞台に立つこと」が一番得意だと信じてもいるので、ずっと漫才に軸足を置いてやっていきたいんです。

僕の「舞台に立ちたい」という考えと井上の「テレビに出たい」という考え、こっちが正しくて、あっちが間違っているということはありません。どちらも尊重されるべきものです。そのあたりのバランスをうまく取っていくことが、コンビを続けるうえでは大切やと思っています。

年間50本のネタ作りは続ける

M－1で優勝してから早10数年、相変わらず忙しくさせてもらっていて、ありがたい限りです。漫才以外の仕事も多いなかで、漫才について考えるペースも、今ではだいぶつかんでいます。

ここ数年は年に50本ほど新ネタを書いています。

この忙しさで、そんなにネタを書く時間なんかないと思った時期もありました。

でも、よくよく考えてみれば、テレビに井上と2人で出たときは何かワーッとしゃべって、笑いをとるわけです。「今から20分、トークライブやってよ」と言われたとしても、その場のアドリブでしゃべって、それなりに笑いをとれるでしょう。

だったら、日々、ネタを書けんこともないやろなと思い至りました。

見渡してみれば、漫才のネタなんてどこにでも転がっています。

普段、井上がしゃべっていること、やっていること、最近の自分の興味関心、気になっていることなど、いつもメモしていて、それらがネタの種になっています。

それはたとえば、「井上は結婚指輪つけへんって言ってたのに、今、つけてるのはどういうことなん?」といった小さなことばかりですが、そういうものが溜まって自分の中のゲージがある程度まで高まると、ポンと何かが生まれるみたいな感覚です。

僕くらいのキャリアで、毎年、それなりの数の新ネタを書く漫才師はめずらしいかもしれません。僕以外だとナイツの塙くんくらいかなと思います。

全国的に売れて、しょっちゅうテレビに出るようになると、多くの場合、「エピソードトーク＝最高のパフォーマンス」になってきます。すでに長くテレビを主戦場としていた諸先輩方には、その域に達している人が多い。

以前、ブラックマヨネーズの吉田さんに冗談交じりで「なんで新ネタ作ってくれないんですか」と聞いたことがあります。

すると、「今の俺らの最高のパフォーマンスはテレビにある。漫才にはない。ブラックマヨネーズとして一番おもろいものを見せなあかんから、漫才の新ネタは書かない」と言われて、たしかにそういう戦い方もあるんやなと思いました。

ただ、それでもやっぱり、僕の主戦場はテレビやない、漫才やと思っているので、新ネタは書き続けると思います。

また、同じネタばかりやっていると、井上が飽きてしまうからというのも理由の1

つです。

井上は飽きてくると、明らかにネタをやるときのテンションが低くなる。だったら新ネタで井上のテンションを保っていきたいと思っています。

僕はなぜ、何のために新ネタを書くのか。「自分が楽しみたい」「お客さんに楽しんでもらいたい」、これらに加えて「井上を楽しませたい」というのも、実は、漫才を続けるうえで大きなテーマなんです。

「THE MANZAI」で感じた漫才師としての変化

先ほどいったように、知名度が上がるにつれて、漫才に軸足を置きたい僕と、テレビを主戦場にしたい井上との間には温度差が出てきていました。

そんななか、僕にとって1つ救いとなったのは、2011年に始まった「THE MANZAI」でした。

2009年にM－1を「卒業」した僕らは、2012年、第2回のTHE MAN

ZAIにエントリーしました。優勝はできなかったんですが、何より僕にとって大きかったのは、めちゃくちゃ肩の力が抜けて、自分たちがやりたい漫才を、やりたいようにできたことでした。

このときに生まれたのが、1つの振りでボケ続けるという漫才です。

まさに「質」より「量」でボケを連発する。それがウケたとき、僕の中には「こんなふうにボケを続けても、笑いをとれるようになったんや」という不思議な感慨がありました。M－1に挑戦するのをやめても、漫才師としての歩みは止めていないことを舞台上で証明できた気もして、いっそう漫才愛が強まりました。


ここらでまた、一気に漫才に熱を入れていきたい――。

しかし、井上は違いました。

僕は相変わらず、もっと漫才をやりたい、単独ライブツアーをしたい。井上は相変わらず、もっとテレビに出たい、ツアーはしたくない。それどころか、「土日は収録のために空けておきたい」「あちこち地方営業に行きたくない」とまで言い出す始末で、温度差は開くばかりでした。

解散危機と再構築

僕の井上に対する不満がいよいよ消し難いものとなり、ついにＮＯＮ ＳＴＹＬＥは解散の危機に陥ります。「もう、ほんまにダメや」と思うきっかけとなる出来事が、2つ起こってしまったんです。

1つは、地方営業のときのことです。

僕たちは東京から営業先に向かっていました。そこへ「大阪から現地入りするチームが乗るはずだった飛行機が台風のためキャンセルになった」という連絡が入ります。急遽（きゅうきょ）、大阪からバスで向かう手はずは整ったものの、到着は大幅に遅れそうとのことでした。

しかし営業先で穴を開けるわけにはいきません。開演時間を30分ほど遅らせたうえで、大阪チームが到着するまでの約2時間を、すでに揃っているメンバーだけで埋めることになりました。

その時点で無事に到着していたのは、僕らNON STYLEと、もう1組だけ。

さて、どう2時間を埋めるか。スタッフがあれこれ算段して、僕らには、本来10分だった持ち時間を20分くらいに引き伸ばしてもらえないか、とのことでした。

せっかく来てくれたお客さんの気持ちを考えると、引き受けない選択肢はありませんでした。ところが、井上はあまり乗り気ではなかった。実際に舞台に出てみたら、僕が必死に時間を引き伸ばそうとするのを、いちいち切ってくる。

このときに、気持ちが冷めていくのを感じました。

「こいつとはもうやっていけへんかもしれん」

そう思ってしまったんです。

もう1つは、ルミネ the よしもとの出番でのことです。井上があまりにもやる気のない漫才をしたので、ステージからはけるや否や、僕がキレてしまったんです。それに対し、言い返すわけでもなく、議論が始まるわけでもなく、ふてくされたような態度を取る井上を見て、気持ちが冷めてしまいました。

これらがきっかけで、NON STYLEを続けられないと思いました。マネージャーにも「もうNON STYLEは解散します。井上とは別にやっていきます」と伝えて、他の芸人とネタライブをやる算段をつけ始めました。

それと並行して、僕はまたたくさん芝居の脚本を書くようになりました。舞台の予定があると、劇場の出番は減ります。出番が減れば、久々に出たときに井上に新鮮に感じてもらえるかもしれないという思惑もありました。

また、先のことを考えると、ピンで活動していく可能性が一番高い。R－1でいい線まで行ったら、ピン芸人として使ってもらえるチャンスが増えるはず。そう考えて、2015年にはR－1に挑戦。なんとか決勝まで勝ち残ってからは、期待通り、ピンネタの出番をもらえるようになりました。

こんなふうに、七転八倒しながら、今後ピンの芸人としてどうしていくのかだけを考えていました。

井上が交通事故を起こしたのは、その矢先のことでした。

井上は一定期間の謹慎は免れない。不謹慎と言われるでしょうが、テレビに出られない間に井上がもう一度漫才を見つめ直してくれるんやないかと、期待してしまう自分もいました。

僕は解散こそ決めていましたが、別の誰かとコンビを組むイメージが湧いていませんでした。僕は井上とだけずっとやってきたし、井上の漫才の能力値が高いことはたしかだったからです。

そんな相方とは簡単に巡り会えるものではないので、もし井上が漫才を見つめ直してくれたら、やり直したいという思いがありました。


井上が謹慎に入ると、僕はまず井上が出ていた各番組、各テレビ局に謝りに行きました。収録現場も訪ねて、松本さん、浜田（雅功）さん、志村（けん）さん、（明石家）さんまさんなど番組MCの方々にも頭を下げました。

そんな僕の姿が、周囲の目にどう映っていたのかはわかりません。

ただ、当の僕はけっこう気楽に構えていました。もし井上が、一にも二にも世間的なイメージが重要なテレビにいっさい出られなくなったとしても、劇場にはギリギリ出させてもらえるんやないかと考えていたんです。

そもそも僕は、テレビに出るよりも舞台で漫才をしたかった。だから「もう井上はテレビに復帰できないかもしれない」というのは、僕自身の心にはほとんど暗い影を落としていませんでした。

井上が謹慎に入ってから一発目の僕のテレビ仕事は、浜田さんが司会をしている番組でした。出演者の1人としてカメラの前に出るのは、制作局や楽屋を訪ねて関係者に謝罪するのとはわけが違います。

カメラの前でも、井上の相方として申し訳なさそうにしていたほうがいいのか、それとも、いっそのこと井上をいじったほうがいいのか。

さて、どう振る舞ったものかと迷っていると、いつもは収録開始ギリギリにスタジオ入りするＭＣの浜田さんが早めにやってきました。そして一直線に僕のほうに向かってきて、何も言わず、バーンとぶつかって通り過ぎていったんです。井上が起こした事故をいじっていることは明らかでした。スタジオは笑いに包まれました。

浜田さんは言葉をいっさい使わず僕を励ましてくれたんやと思います。

それに勇気づけられた僕は「井上いじり」なども駆使しながら、その後もテレビに出続けることができました。

井上が謹慎している間も、ネタはずっと書いていました。ピンではなく2人でやる漫才で、井上をいじるだけの新ネタを10本書きました。

あとは、井上の自宅にNON STYLEの漫才の録画やDVDを持って行って、ネタの文字起こしをやってもらったりもしました。謹慎中はそうとう気が滅入っているはず。何かやることがあれば、少し気持ちが軽くなるかなと思ってのことでした。

このころには、僕のなかですでに「解散」の雰囲気は消失していました。僕の頭にあったのは、「さて、ここからどう再構築していくか」、それだけでした。

結果的に謹慎期間は約3ヶ月間でした。僕としては、半分本気、半分ボケで「まだ早いです。井上はまだ反省が足りていません」と言っていたんですが、いろいろな事情があって復帰が決まりました。

NON STYLEとしての復帰は、解散を決意していたころに決まっていた後輩コンビ初恋タローとのネタライブでした。

初恋タローと僕とで漫才をやって、最後の最後、いきなりNON STYLEの出囃子がかかり、客席が「あれ……、まさか?」という雰囲気に包まれたところへ井上がサプライズ登場。1本だけNON STYLEのネタをやるという流れでした。ネタは、井上いじりの新ネタ10本のうちの1つでした。

本当はそんなネタ、やりたくなかった。謹慎開けの清々しさなんて1ミリも感じられません。でも僕らの仕事は笑ってもらうことですし、たぶん井上の禊ぎとしても必要なことでした。結局、10本書いたうちの1本をここでやったきり、残り9本のネタはお蔵入りになっています。

謹慎明け初の漫才に対する客席の反応は上々でした。いろいろと考えるところはあったけど、「これだけお客さんも待ち望んでくれてたんや」と思うと、解散しなくてよかったのかな、と。こうして「NON STYLE解散」の話はナシになり、また2人で漫才をやるようになりました。

はたして井上は漫才を見つめ直してくれたのか。

当初は「今までとは見違えて漫才と向き合っている」風の振る舞いは見せていましたが、人はそう簡単に変わるものではありません。井上は相変わらずテレビに出たがります。僕はたくさんツアーに行きたい、井上はそんなに行きたくない、という攻防もいまだに続いています。

1つ、明らかに感じているのは、むしろ僕自身に起こった変化です。書くネタの幅が広がり、以前とは違って井上がかわいく映ったり、かわいそうに映ったりするようなネタが増えました。

たとえば、井上がバシバシ僕に突っ込むのではなく、僕が井上をおもちゃにして弄ぶネタや、井上がどんどん追い込まれていくネタなど。昔よりもネタの幅が広がっています。

僕は「今のNON STYLEが一番面白い」と思う。少なくとも自分では、2000年代よりも2010年以降のほうが好きなネタが多くなっています。

ともあれ、確実に「もう解散や」といううさなかに起こったのが井上の不祥事でした。実際に被害を受けた方もいますし、ご迷惑をおかけした方々には大変申し訳なく思っていますが、この件がNON STYLEの解散回避と再構築のきっかけとなり、今の僕らがあります。

「マクド」みたいな漫才をやっていく

20代で漫才を始めた僕らも、すでに40代半ばに突入しようとしています。年を重ねるごとに円熟味を増していく芸人もいますが、おそらくNON STYLEはそういうタイプではありません。

僕らは懐石料理を出したいわけではない。かといって地元で愛される町中華や行列のできる定食屋さんになりたいわけでもない。じゃあ何かといったら「マクドナルド」や「吉野家」みたいな漫才師を目指すのがNON STYLEっぽいのかなと思います。

「おいしい店ランキング」の類には入らないけど、たいていの街にあって、誰もが「おいしいよね」と思う、そんな漫才をやっていきたい。

聞けばNON STYLEは中高生の間で人気という説もあるらしいので、「マクド化」は、すでに成功しているといってもいいかもしれません。

それには2つほど理由が思い当たります。

1つは、相当の数のネタを、いい状態でYouTubeに上げていること。自分でいうなと思われそうですが、ある程度のクオリティのネタを、数多く見やすい状況にしているコンビは、ジャルジャルとNON STYLEくらいではないでしょうか。

もう1つは、井上が、若い子たちが見るような恋愛リアリティショーのMCをしていること。これも大きいと思います。


今後も漫才をやりながら年齢を重ねていくわけですが、僕らが、これからますます意識しなくちゃいけないのは、どれだけ万人受けする言葉を使い続けられるか。言葉の取捨選択さえ間違えなければ、たぶん、やっていけるでしょう。

いつか漫才をやめる日は来るのか。それとも一生、漫才をやり続けるのか。それは未来のことなのでわかりません。

漫才師が漫才をやめる究極の理由って、「漫才が楽しくなくなったから」しかありえないと思うんです。

僕は今、井上とやる漫才が楽しい。
だからＮＯＮ ＳＴＹＬＥを続けているんです。

5章

漫才、芸人、お笑いの明日はどうなる？【未来論】

今の若手は「見せ方」が足りない

僕らの世代が劇場やテレビでお笑いを見ていたころと違って、今はサブスク、見逃し配信、YouTubeなど、好きなときに好きなものを、好きなだけ見られる環境があります。それだけでなく、好きなスピードで見ることまでできてしまう。

これが芸人を志す若い子たちにとっていい環境なのかどうか、正直、わからなくなることがあります。

それだけ学ぶチャンスが多いと捉えれば、お笑いのコンテンツがたくさんあって、いつでも見られるのはいいことなのかもしれません。

その反面、お笑いコンテンツへのアクセスがよすぎて、自分でやってみる前に情報過多になるのは考えものかもな、とも思います。表層的に手段を真似るだけで、「ナマの会話として見せる」という漫才の基本が置き去りにされかねないからです。

現に、僕が教えているNSCの生徒たちを見ても、そう思うことが少なくありません。先輩たちの漫才を表層的に真似しているだけで、もったいないなと思う子たちもいるんです。

たとえば、「後半に行くほどツッコミのボルテージを上げて、盛り上がりをつくる」という手法があります。ただ、これを真似して、「ツッコミの声を大きくして、振る舞いも大げさにしていく」だけだと、お客さんはついてきません。実は、ここで一番大事なのは、「ツッコミのボルテージが上がっていくことに、見ている人たちが違和感を抱かないようにすること」なんです。

NON STYLEには、「井上がやりたいことを石田が邪魔する」というネタがあります。

ここで井上のツッコミのボルテージが上がっていくのは、「何度も何度もやりたいことを邪魔されたら、どんどんイライラしてくるのが人情として自然」だから。お客さんが井上のイラつきに違和感を抱かず、共有できるからこそ、僕のボケがうまくハマる。そこで笑いが起こるというメカニズムです。

漫才では「どんなボケ」「どんなツッコミ」「どういう盛り上げ方」ということ以前

に、どれだけナマの人間同士のやりとりに見せるかを考えなくてはいけません。

ボケという違和感満載の変化球にツッコミを入れる、その流れに必然性を持たせることができなくては、いくら大きな声で突っ込んだり、ボディランゲージを激しくしても笑いはとれません。お客さんは「なんでこの人、こんなに怒ってるの？」と思うだけでしょう。

ボケ1つ、ツッコミ1つでぶつ切りにして笑いをとっているのではなく、会話という流れのなかで笑いをとるのが漫才です。もちろん笑いが起こるのはボケとツッコミの箇所ですが、そこでウケるためには、本当は「ウケていないところ」の持って行き方こそ大事なんです。


情報が多すぎる環境だと、実は物事の吸収率は悪くなるのかもしれません。

先ほど、サブスクや見逃し配信、YouTubeなど、お笑いコンテンツへのアクセスがよすぎるのも考えものといったのはこういうことです。

今のNSC生は勉強熱心で、勘どころもいいので、入学直後であっても、一見上手くできていそうなネタをします。全体のレベルは僕らの若手時代より、確実に上がっているでしょう。でも、彼らはまだ本当の意味では、漫才師としてのスタートラインには立てていません。

同期との激しい競争に揉まれ、すぐ近くにある寄席でとんでもない波を起こしている先輩を目の当たりにし……という数年を過ごすうちに、「漫才の基本」をつかんでいく。そこが本当の出発点なんやと思います。

「台本の書き方」も知らないといけない時代

NSCでは、僕は台本の書き方から教えます。

ネタの台本を提出してもらい、1つひとつの表現から全体の流れまで徹底的に添削しています。こんなことをやっている人はこれまでいなかったそうですが、せっかくお金を払って学びに来ているのだから、ちょっとでも得して帰ってほしいという気持ちでやっています。

今はテレビ出演の前に台本の提出を求められることが大半です。

台本がないのなら、ネタの動画を撮影して提出しなくてはいけない。ただ制作サイドにチェックしてもらうためだけに動画を撮るなんて面倒でしょう。昔はともかく、今は台本の書き方くらい知っておいたほうがいい時代になっているということです。

講師としてNSC生を見ていると、ボケの能力値は低いけど伝えるのが上手い子、伝えるのは下手やけど、うらやましいくらいのボケを生み出す子、シチュエーションコントを考える能力は高いのに、絶望的に演技が下手な子……いろいろです。

彼らこそお笑いの未来。NSCで力をつけて、どんどん活躍していってほしいと思っています。

自虐ネタ、ハゲネタ……時代の変化とお笑いについて

近年、コンプライアンスの観点から「NGワード」とされるものが増えています。

個人的には、当事者が自分を何と表現しようと自由やと思います。たとえば、ハゲている人が自分のことを「ハゲ」と言っているのを、「コンプラ的に問題がある」な

んて言っても、あまり意味があるようには思えません。

もし言葉が差別を助長するようなことがあるのなら、ある程度は制限したほうがいいとは思います。その反面、単に言葉を制限することで世の中がいい方向に行くんやろか、という疑問は残ります。


僕はよく井上の足の短さをいじります。「短足」など直接的な表現は使わないものの、「太もも忘れてきたんか」「めっちゃ高いところから飛び降りたんか」といった表現で小馬鹿にします。

これは僕と井上の関係性で言っていることであり、その言葉には嫌な感情はこもっていません。お客さんの目にも、「石田と井上がじゃれ合っている」としか見えないから、笑ってもらえる。でも見る人が見たら、いつ突っつかれるかわかりません。僕自身も、ギリギリのところにいる自覚はあります。

僕が舞台のほうが好きなのは、そのあたりにも理由があります。

テレビは「目に入るもの」ですが、劇場はお客さんが自ら選んで「見に来るもの」です。

テレビは、全国津々浦々で大勢の目に触れているだけに制限が多い。それに比べて、基本的に「お金を払って見に来ている人たち」しかいない劇場のほうが自由度は高いのかもしれません。

先ほどいったように、テレビで漫才をやるときは、台本もしくは動画の提出を求められます。

ネタで使われている表現をすみずみまでチェックされて、「これはいじめを誘発する表現なのでNG」「子どもが見ている時間帯なのでNG」など、指摘されたところは直さなくちゃいけません。

NON STYLEは、今のところ指摘されたことはないんですが、けっこう細かくチェックされるのはたしかです。

つまり、テレビで見せているネタはすべて、制作側がOKを出したものということ。だから万が一、視聴者からクレームが入ったとしても、それはOKを出した番組の責任ですとしかいいようがありません。何を電波に乗せるのかを決めるのは制作サイドですから。

一方、劇場はどうかというと、舞台に立っているときの肌感覚として、お客さんたちの間で「ありなしの価値観」はあまり変わっていないように思えます。ハゲネタは、ハゲの扱い方やネタ運びが上手ければウケる。たとえば障がいのある人を笑うネタは今も昔もウケない。

社会的属性、経済力、体型、性別、性自認、性指向、人種などなど、世の中には本当にさまざまな人たちがいます。

どのような属性でも幸せな人もいれば、そのことで悩んだり苦しんだりしている人がいることも事実です。そういう人たちを余計に傷つけるようなことがあってはいけない、それは間違いありません。

じゃあ、この文脈で考えるお笑いって何か、芸人って何かっていうと、「なんか知らんけどおもろい凡人が必死こいて生きている姿、その滑稽さを見せるということ」やないかと思うんです。

僕たちは人を笑わせることしかできません。社会問題を考えるうえで必要な啓蒙（けいもう）や教育から一番かけ離れたところで、ふざけたことをやって、せめて笑ってもらう。それがお笑いというものであり、芸人にできるわずかな貢献なんちゃうかなと思います。

もう一度「漫才ブーム」「お笑いブーム」は来るのか?

ありがたいことに、ここ数年は全国各地の劇場に多くのお客さんが来てくれるようになっています。寄席では若い人の姿もよく見かけます。

でも、今が「お笑いブーム」「漫才ブーム」かといわれると、本当かな? と思っています。

全国的なお笑いブームではないけども、劇場に足を運ぶ人たちが以前よりも少し多様化していて、寄席の現場が盛り上がっているというのがお笑いの現在でしょう。

もともとお笑いは娯楽の1つなので、それでいいと思います。

ただ、ここであえてもう1つ踏み込むと、ブームの発信源ともいえるテレビで、不動の上の世代が下の世代の子たちをいじっているという構図が変わっていません。これがお笑いがいまいちブームにならない理由の1つではないかと思います。

今のテレビを見ていると、実力も認知度も十分な中堅の若手が、いまだに、もっと上の世代から「いじられる側」に立っている。そこに、さらに下の世代の若手が加わったり、入れ替わったりしているだけに見えるんです。

このまま若手をいじる上の世代だけは据え置きで、いじられる側の若手が第7世代から第8世代、第9世代という具合に入れ替わっていく状態が続いてしまうと、今の若手にとっては厳しいやろなとは思います。

たとえば、かまいたちやニューヨーク、見取り図など、実力・認知度ともに十分な中堅の若手がテレビを回し、牽引(けんいん)していくようになったら、またお笑いブームが訪れる可能性もあると思います。

「システム漫才」の意外な落とし穴

今も昔も、そしておそらくこれから先も、メディアには、何かと「○○漫才」と名付けたがる傾向があります。

ラベルをつけたほうが、企画が通りやすいし台本も書きやすいから、ラベルをつけやすいものを求める。それに応えるようにして、テレビ露出を増やしたい漫才師がシステムに走る。そんな一種の共犯関係があるようにも見えます。

僕個人の考えをいうと、いったん「システム」という概念を漫才から外したほうがいいのではと思っているくらいです。

特に若手の漫才師には、自分たちの代名詞となるようなシステムを生み出さないといけないと考えすぎているような感じがします。でも、システムありきだと、いくつか陥りがちな落とし穴があります。

まず、作り物感が強くなって不自然な会話になり、結果的にウケづらくなる。もちろん自分たちとしては、「システム」とばれないようにやっているつもりなのでしょうが、それでも作り物感が拭えていないものが多い。

また、見ている人たちに手の内を知られていることで、「次はこうなるんでしょ」と予想されてしまう。やはり結果的にウケづらくなります。

さらには、自分たちが構築した小さな世界の中でボケるため、どうしてもボケが小粒になる。誰もが予想することや、誰もがわかる常識を大胆に覆すから面白いのに、そこにシステムという小さな世界を持ち込むことで、笑いが小さくまとまってしまうんです。

誤解を避けるために言い添えておきますが、システムをつくること自体が悪いのではありません。「これでいくぞ」という堅い決意を貫くのなら、大きく化ける可能性は十分あります。

2019年M-1チャンピオンのミルクボーイなどは、その代表格でしょう。いかにも漫才師然とした佇まいから、彼らは伝統的な漫才師に見えますが、まったく違います。むしろ彼らは前衛的な漫才師であり、彼らがやっているのはシステム漫才の最たるものです。

「それ◯◯ちゃうか?」「ほな◯◯ちゃうな」だけで展開するネタで、老若男女から笑いをとってしまった。これぞシステムの勝利といえますが、彼らからはなんともいえない人間味も感じられます。システム漫才やけど、システムだけではないんです。

というわけで、システムが悪いのではありません。

ここで僕が問題にしているのは、とにかくシステムありきで「人間」が見えない、しかも毎回違うシステムを持ってこようといった方向に挑戦をする若手漫才師が多いことなんです。

システムを生み出すよりもまず、もっとシンプルなところから試してみてほしいと思っています。

たとえば、僕は悩んでいそうなNSC生には「1回、大きな声を出してやってみようか」と声をかけたりします。ネタの内容よりも「漫才師としてのナマのエネルギーをどう見せるか」がわかったほうが、成長につながる子たちもいるからです。

今、注目の若手漫才師

この観点でいうと、今の若手漫才師のなかでも僕が個人的に注目しているのは、エバースとぎょうぶ、ぐろうの3組です。

僕から見ると、彼らに共通する特徴は「持論系」であることです。

ボケやツッコミの言葉選び以前に、「この人たちの考えていること自体がおもろい」というところを漫才にしている。

伝わらないとは思いますが、僕のイメージだと「最新デバイスを全部使いこなしているブラックマヨネーズ吉田さん」みたいな感じ。

彼らは177ページで僕が話した「意見を持っている人は面白い」というのを体現しているコンビやと思います。独特の雰囲気で「持論」を語り、相方を困惑させつつ、自分の世界にお客さんを巻き込んで笑いを作っていく。そんなスタイルです。

たとえば、エバースが2023年のM－1敗者復活戦で披露した「ケンタウロス」のネタは面白かった。ボケの佐々木（隆史（たかふみ））くんが交通費を浮かせるために、ツッコミの町田（和樹）くんの下半身を馬に変えることを提案するというネタで、佐々木くんが不思議議な設定や理論を次々持ち出し、それを町田くんが反論で突っ込んでいき、爆笑をとっていました。

彼らはすでに寄席では笑いをとりまくっていますが、賞レースでも結果を残していきそうで、楽しみな若手です。

大学お笑いは「狭い国から来たふてぶてしさ」がいい

僕らが漫才師を志していたころは、芸人になるには事務所の公開オーディションに挑戦するか、NSCなどの養成所に入るか、くらいしか選択肢がありませんでした。ただ、ここ数年は大学のお笑いサークルからプロを目指すという新しい形をとる子たちも増えてきています。

今はお笑いサークルを経て、大学卒業後にNSCに来る子たちもたくさんいますが、背景を知らずに1つ2つネタを見ただけでも、すぐに「大学お笑いっぽいなー」とわかります。笑いのとり方にクセがあるんです。

大学お笑いの大会もありますが、彼らは基本的には、サークル内のネタ見せや学園祭など、自分たちと同じお笑い好きの大学生に向けてネタを披露しているんやと思います。

そういう小さな世界から来ているから、大学お笑いの子たちは、基本的にボケが不親切です。ツッコミが説明するまでボケの意味がわからない。僕がいうところの「共闘型」が多いですね。共闘型の代表格、真空ジェシカも大学お笑い出身です。

また、大学お笑い出身のNSC生を見ていて、ツッコミがネタを書いている場合が多いなと感じます。

ネタを書けるほうがツッコミをやりたがるというのは、僕らのころは、あまりなかったケースです。その場合、笑いを自分の手柄にしたいあまり、つい不必要なまでにツッコミに力が入る。結果として、ツッコミが不自然に長かったり、的を射すぎていたり、流れがつながっていなかったりといった事態に陥りがちなんです。笑いが欲しくてたまらなくて、ヨダレを垂らしている心理が見えてしまうわけです。

と、批判的なことばかり書いてきましたが、大学という小さな世界での成功体験から来るふてぶてしさ、僕は嫌いやないです。1章で、吉本所属じゃない芸人が、自分の信じる面白さを伸ばしていけるといいましたが、似たものを大学お笑い出身の芸人から感じます。

ずっと「伝わりやすいところ」でやってきたことによる不親切さは、大いに改善の余地ありです。そのうえで、大学でお笑いをやってきたという新しい勢力が、お笑い界に新風をもたらす存在になっていってくれたらいいなと期待しています。

相方が変われればウケ方も変わる——即席コンビの魅力

もし今後、いろいろと状況が変わって、NON STYLEが続けられなくなったら、僕は新しくコンビを組むというよりは、「即席コンビ」をいろんな人と組んで漫才をするんやないかなと思います。

芸人同士で即席コンビを組むのはよくあることです。なぜ、あえていつもと違う人間とやるかといったら、「新鮮で楽しいから」というのが一番の理由でしょう。

僕も今までにもナイツの塙くん、オードリーの若林（正恭）くん、スーパーマラドーナの田中（一彦）くんなどと即席コンビを組んできました。

漫才は「人間同士のナマの会話」なので、「誰とやるか」によって、まったく違ったものになります。塙くんとやるときは僕がツッコミになるという具合に、役割まで変わってしまうことも多い。それも含めて、めっちゃ新鮮で楽しいです。

おいでやすこがなんかは、ピン芸人同士の即席コンビでM－1（2020年）を準優勝するという偉業を残しました。おいでやす小田は勢いよく突っ込むタイプ、こがけんはやりたい放題にボケるタイプなので、相性がよかったんでしょう。

すごいと思う反面、「急造コンビに負けるな」とも思います。


ちなみに、相方を変えて漫才をする場合、ありネタをやるのではなく、その即席コンビ用にネタを書くほうがウケます。

「ナマの会話の相手」が変わると別ものになるといっても、ありネタを即席コンビでやっても、やっぱり大して面白くないんです。

井上の謹慎中、ナインティナインの岡村さんや、初恋タローの2人とNON STYLEのネタをやったことがあります。

それはそれで楽しかった。だけど欲をいえば、「井上と石田の会話」を想定して書いたネタではなく「岡村さんと石田の会話」や「初恋タローと石田の会話」を想定して書いたネタをやってみたかったですね。

YouTube・サブスク全盛期に「舞台」に立つ意味

今後、漫才師、お笑い芸人として何を目指すか。今みたいに多様化する世の中、不確実性の高い世の中では、それは人それぞれでいいと思います。

僕らNON STYLEみたいに、「マクドナルド」や「吉野家」みたいになるのが一番合っている漫才師もいれば、一部の人にしかわからないようなニッチなネタばっかりやる漫才師がいてもいいでしょう。

今は、どんどん人々の好みが細分化されている時代です。

この先、「誰もが知るスター」というのは、ますます生まれなくなってくる。これはお笑いの世界も同じなので、最初から万人受けは狙わず、狭い層だけに確実に届くニッチな漫才師を目指すのも、たしかにアリです。

みんなが王道を目指す必要はなくて、それぞれの狙った層のスターを目指せばいい。

ただ、1つ気をつけなくちゃいけないのは、出たてのころは日の目を見やすいんやけど、そこで安心してはいけないということです。

出たてのころの売れ方を継続させるには、また別の努力をしなくちゃいけません。そのあたりのリスクを理解したうえで、覚悟を決めてニッチを狙っていくならいいと思います。

僕にはそんな度胸はありません。何より、僕が好きなものを共有できる人だけじゃなく、みんなに笑ってもらいたいという気持ちのほうが強いから、やっぱりＮＯＮ ＳＴＹＬＥのマクド化を目指したい。

そこで最近、考えているのは、入場料５００円のワンコイン漫才ライブです。

漫才って、舞台装置も音響設備も楽器もいらない、サンパチマイク１つあればできるエンタメなんですよね。しかも、すでにこれだけ芸人がいるわけだから、もっと漫才が世の中にありふれた身近な存在であったらいいのになと思うんです。

すでにその試みは一部実現していて、２０２２年には『大阪夢祭り』内の「大阪楽市楽座」、２０２４年には大阪国際文化芸術プロジェクト「ワラウオオサカ」をプロデュースさせてもらいました。

「大阪楽市楽座」は、お笑いあり、音楽ライブあり、大道芸あり、お芝居ありの見世物小屋です。「みんなが楽しめること」を一番に考えて、料金は、子どもは最低100円、大人でも最低500円（お芝居だと少し高くなって最高1500円）の設定にしました。

「ワラウオオサカ」は、大阪・関西万博に先駆け、大阪のお笑いを国内外に向けて発信するというイベントで、お笑いはもちろん、大道芸やプロレスなど盛りだくさんの内容になりました。このときはすべて観覧無料でした。

お客さんに無料もしくは安価でエンタメを楽しんでもらえる企画に関われたのは、僕にとってすごく大きなことでした。

両方とも、普段、NGKなどでお笑いを見ている層とは、まったく違うお客さんがたくさん来てくれて、最終日には感極まって泣くんやないかというくらい、充実感もやりがいもありました。

NGKは「地元のお笑い好き」が行く場所だと思われているかもしれませんが、実際、来ているお客さんの多くは、「大阪の外から旅行に来ているお笑い好き」です。ある程度、時間にもお金にも余裕のある人でないと、行けない場所なんです。

僕自身も大阪にずっと住んでいましたが、ＮＧＫに行くようになったのは吉本に入ってからでした。

そういう現状があるので、そのへんのおっちゃん、おばちゃんにも、テレビじゃなくて生のお笑いを気軽に楽しんでもらえるようにできたらいいなと思っているんです。しかも今は、テレビを置かない家も増えていますよね。要は「たまたまテレビをつけたら演（や）っていた吉本新喜劇を見る」みたいなことが起こらなくなっている。

個々が自ら選んだものだけを見ているYouTube・サブスク最盛期に、「お笑い」に辿り着く人が、はたして、どれだけいるんやろかと思ってしまいます。こういう背景を考えても、お笑いの裾野を広げるような企画・イベントはどんどんやっていきたいですね。

正直、この考え方に「ええな」と賛同してくれる芸人はいても、実際に、入場料５００円の漫才ライブに出てくれる芸人は少ないでしょう。もしかしたら誰も出てくれないかもしれません。

責める気持ちは微塵（みじん）もありません。誰もが、自分が売れて稼ぎを増やすことを考えて当然です。

それでも僕の考えは変わりません。

僕は自分自身がお笑いに救われてきたから、もっと誰もが気軽にお笑いを楽しめる世の中になってほしい。そのために自分にできることは何か。今は、そういうことも考え、できることから実践する道を探る日々です。

おわりに

最後までお付き合いいただき、ありがとうございます。

ご覧の通り僕は漫才が大好きで、その大好きな漫才をやっている漫才師のことも大好きなんです。

だから、ちょっとだけ先にいろんなことを経験した漫才師の一人として、今まさにがんばっている漫才師の応援団長でありたいとも思っています。

たとえば、M－1の敗者復活戦に出場した漫才師たち。2023年には審査員をやらせてもらって、その戦いぶりを生で見ましたが、決勝に行けなかった20組、もっというと、決勝に上がったシシガシラだって、悔しさが残ったと思います。

僕らも２００５年から２００７年まで３年連続で敗者復活戦を経験しているので、彼らの気持ちが痛いほどわかります。自分の漫才を否定されているように感じているコンビもいるでしょう。

僕は彼らに、自分たちの思う「面白さ」をこのまま追求し続けてほしいと声をかけたいです。それと、そんなに落ち込む必要あらへんで、とも伝えたい。

そもそもＭ－１の決勝に行くこと自体が奇跡的なんです。

毎年、８０００超もの組が戦って、決勝に上がれるのは、そのとき一番ウケた上位９組＋敗者復活戦を制した１組だけ。決勝の常連だった笑い飯や和牛が異常だっただけで、普通は１回でも行けたら、それだけでめっちゃすごいことです。

それなのに、「今年も行かれへんかった」「また今年も行かれへんかった」「また今年も……」なんてＭ－１の呪いを増幅させ、無理を続けたら、そのうち漫才師としての肩を壊してしまうでしょう。そんなことにはなってほしくないんです。

何度も挑戦しているうちに、見ている人たちは「全盛期を過ぎたコンビ」という目を向けてくるかもしれません。でも僕自身、「昨日の自分」より「今日の自分」のほうが面白いと思っているし、みんなにも自分たちのことを、そう思ってほしい。「昨日の自分」より「今日の自分」のほうが面白いと信じて、今の漫才の流行に変に合わせたりせず、自分たちの面白い漫才をやっていってもらいたいと思います。

そしてNSCで学んでいる子たち。僕は今、講師として若手芸人の前に立っているわけですが、実はひそかな夢というか、「こうなったらええな」という未来像があるんです。

それは、僕が教えた子たちが将来売れて、舞台とかテレビで一緒になったときに、僕のことをガンガンいじること。「ああ、笑い飯の哲夫さんの授業は全部出てたんですけど、石田さんの授業は1回も行きませんでした」「ほんま、なんにも勉強になりませんでした」……こんなことを言われて、それに全力で突っ込みたいんです。

「僕なんかが講師でいいんやろか……」と日々自問自答していますが、こういう瞬間が訪れたら、自分の教えたことは間違ってなかったんやと思える気がしています。

その前振りとして、今は、ほんまに一生懸命、教えなくちゃいけません。

ありがたいことに、今は関西でも関東でも教えているので、将来的に売れてくる吉本の子たちは、僕の教え子である可能性が高い。

となると、この未来像が本当になる日も、それほど遠くはないかもしれません。

その日を楽しみに待っています。

石田明

石田明（いしだ・あきら）
お笑いコンビ「NON STYLE」のボケ、ネタ作り担当。
1980年2月20日生まれ。大阪府大阪市出身。中学時代に出会った井上裕介と2000年5月にコンビ結成。神戸・三宮でのストリート漫才で人気を博し、baseよしもとのオーディションに合格してプロデビュー。2006年「第35回上方お笑い大賞」最優秀新人賞受賞、「第21回NHK新人演芸大賞」演芸部門大賞受賞、2007年、NHK「爆笑オンエアバトル」9代目チャンピオン、2008年「M-1グランプリ2008」優勝など、数々のタイトルを獲得。2012年、2013年、2年連続で「THE MANZAI」決勝進出。「M-1グランプリ2015」では決勝の審査員を、「M-1グランプリ2023」では敗者復活戦の審査員を務めた。2021年から、NSC（吉本総合芸能学院）の講師を務め、年間1200人以上に授業を行っている。
ゲストの芸人とともにお酒を飲みながら漫才論や芸人論などを語るYouTubeチャンネル「NON STYLE石田明のよい～んチャンネル」も人気。

マガジンハウス新書 026
答え合わせ

2024年10月31日　第1刷発行
2025年 1 月23日　第5刷発行

著　者　石田明
発行者　鉄尾周一
発行所　株式会社マガジンハウス
〒104-8003　東京都中央区銀座 3-13-10
書籍編集部　☎ 03-3545-7030
受注センター　☎ 049-275-1811

印刷・製本／中央精版印刷株式会社
編集協力／福島結実子（アイ・ティ・コム）
企画協力／桑島美奈・井澤元清（吉本興業）
ブックデザイン／TYPEFACE（CD 渡邊民人、D 谷関笑子）

ISBN978-4-8387- 7527-9 C0236